ПОСЛАННЯ

ХРЕСТА

ПОСЛАННЯ
ХРЕСТА

Доктор Джаерок Лі

ПОСЛАННЯ ХРЕСТА автор доктор Джерок Лі
Опубліковано видавництвом Урім Букс (Urim Books, Представник: Сеонкеон Він)
361-66, Шіндебанзі-дон, Донгйак-Гу, Сеул, Корея
www.urimbooks.com

Вперше опубліковано в квітні 2013

Раніше видано у 2002 році корейською мовою видавництвом «Урім Букс», Сеул, Корея

Редактор доктор Геумсун Він (Dr. Geumsun Vin)
Підготовано до друку редакційним бюро Урім Букс
Для більш докладної інформації звертайтеся: urimbook@hotmail.com

ПЕРЕДМОВА

Бажаючи допомогти вам пізнати Божу любов і Його великий люблячий задум, а також закласти фундамент вашої віри

З 1986 року книга *Послання Хреста* привела незчисленну кількість людей до шляху спасіння і завдяки закордонним кампаніям продемонструвала незліченні діяння Святого Духа. Нарешті Бог поблагословив мене опублікувати її. Я дякую Йому і славлю Його!

Багато людей стверджують, що вони вірять в Бога Творця і пізнали любов Його Сина Ісуса Христа, але не можуть без сумнівів проповідувати історію життя і діянь Ісуса Христа. Насправді тільки незначна кількість християн розуміє любов і задум Божий. Крім того, деякі з них далекі від Господа, бо вони не отримали чітких відповідей на багато запитань, поставлених в Біблії та не зрозуміли незбагненний задум Божої любові.

До прикладу, що б ви відповіли на наступне: "Чому Господь поставив дерево пізнання добра і зла і дозволив людині їсти плоди цього дерева?" "Для чого Бог створив пекло, якщо Він пожертвував Свого Сина Ісуса Христа задля спасіння грішників?" і "Чому Ісус єдиний Спаситель?"

Впродовж перших кількох років мого християнського життя я не міг зрозуміти всеохоплюючий задум Божого творення і Його таємний план, прихований в хресті. Після того, як я став місонером, то запитав себе: "Як я можу вести незліченну кількість людей до шляху спасіння і як можу хвалити Господа?" Мене осінило, що я повинен зрозуміти кожне слово Біблії, в тому числі ті місця, що важко сприймаються, отримати повне і правдиве уявлення про Бога та проповідувати Слово Боже у всьому світі. Я дуже часто постив і молився за своє розуміння. Минуло сім років і Господь почав відкривати мені Свій задум.

В 1985 році, під час палкої молитви, на мене зійшов Святий Дух. Він почав наповнювати мене розумінням таємного задуму Божого, що був прихований. Це було "Послання Хреста". Я проповідував його кожної неділі на ранковому богослужінні протягом 21 тижня. Касетні записи "Посланням Хреста" вплинули на незчисленну кількість людей в країні і закордоном. Де б не проповідувалося Послання Хреста, там Святий Дух діяв як яскраве полум'я. Багато людей розкаялися в своїх гріхах і зцілилися від хвороб чи недуг. Вони більше не сумнівалися в задумі Божому і здобули істинну віру і вічне життя. До цього часу ці люди по-справжньому не знали Господа і не відчували Його глибокої любові. Завдяки цьому посланню вони зрозуміли задум Божий, осягнули Бога і отримали надію на вічне життя.

Якщо ви чітко усвідомите, для чого Бог поставив дерево пізнання добра і зла в Едемсьому саду, то зможете глибше осягнути Його задум культивування людей і Господню любов. Більше того, знаючи істинну ціль свого життя, ви зможете боротися проти своїх гріхів до останньої пролитої краплини крові, зробити все можливе, щоб бути схожими на Господа Ісуса Христа, і вірити в Бога до самої смерті.

Послання Хреста відкриє вам Божий таємний задум, прихований в хресті і допоможе закласти тверду основу істинного і доброго християнського життя. Тому, кожен хто читає цю книгу, зможе пізнати Божий всеосяжний задум і любов, отримати істинну віру та вести богоугодне християнське життя.

Дякую директору та працівникам редакторської колегії, які доклали всіх зусиль, щоб видати цю працю. Також дякую перекладацькій колегії.

Хай люди зрозуміють всеохоплюючий задум Божий, осягнуть люблячого Господа і будуть врятовані як справжні діти Божі – все це я прошу в ім'я Господа Ісуса Христа!

Джаерок Лі

ВСТУП

Послання Хреста це мудрість і сила Божа, могутнє послання, яке повинен осягнути кожен християнин в усьому світі.

Дякую і хвалю Бога Отця, який скерував нас опублікувати *Послання Хреста*. Дуже багато віруючих церкви Манмин по всьому світу з нетерпінням очікували на його видання. Ця книга дає зрозумілі відповіді на безліч питань, якими цікавляться християни: 'Яким був Бог Творець перед створенням світу?' 'Чому Бог створив людину і дав їй можливість жити на цій землі?' 'Чому Бог поставив дерево пізнання добра і зла в Едемському саду?' 'Чому Бог послав Свого єдиного Сина як жертву за відкуплення гріхів?' 'Чому Божий задум досягнення спасіння можна виконати через важкий дерев'яний хрест?'

Ця книга складається з послань, наповнених духовним розумінням, які проповідує доктор Джаерок Лі. Вона навчає пізнавати та розуміти глибоку, всеохоплюючу і величну любов Божу.

Розділ 1, "Бог Творець і Біблія," знайомить вас з Богом і показує як Він діє серед вас. У цьому розділі ви побачите докази живого Бога і усвідомите правдивість Біблії в світлі історії людства. Крім того, розділ доводить помилковість теорії еволюції та істинність створення світу Богом.

Розділ 2, "Бог створює і культивує людину," розповідає про те, що Бог сотворив всесвіт і людину за Своїм образом та подобою. До того ж, цей розділ пояснює вам справжнє значення людського життя і показує чому Бог виховує людей як Своїх власних духовних дітей.

Розділ 3, "Дерево пізнання добра і зла," дає відповіді на основні питання всіх християн: 'Чому Бог поставив дерево пізнання добра і зла в Едемі?' Цей розділ детально пояснює причини і допомагає зрозуміти глибоку любов і таємний задум Бога, який культивує людей на землі.

Розділ 4, "Таємниця, прихована перед віками," пояснює зв'язок між законом викупу землі і духовним законом спасіння людей (Левит 25). Зрештою, він пояснює чому Бог приховав шлях людського спасіння до часу Свого вибору і чому Ісус відповідає умовам закону викупу землі.

Розділ 5 "Чому Ісус наш єдиний Спаситель?" показує як Божий план людського спасіння, прихований перед віками, почав виконуватися через Ісуса, чому Його було розіп'ято.

Також тут пояснюються блага і права дітей Божих, значення імені "Ісус Христос", чому Бог не дав іншого імені ніж Ісус Христос, з допомогою якого людина повинна врятуватися і так далі. Ви відчуєте величезну любов Господа, якщо осягнете духовну суть послання, викладеного в цьому розділі.

Розділ 6, "Задум, втілений у Христі", дасть вам можливість зрозуміти глибинне значення страждань Ісуса. Чому Він народився в яскині і положився в ясла, якщо Ісус дійсно Син Божий? Чому все Своє життя Він прожив в бідності? Чому Його бичували, коронували терновим вінцем, прибили цвяхами руки і ноги? Чому Ісус страждав від болю поки не пролилася вся його кров і піт?

Цей розділ дає точні відповіді на ці запитання і допомагає вам зрозуміти духовне значення Його страждань. Будь-які хвороби і недуги, так само як і проблеми, наприклад бідність, розлад в сім'ї, труднощі на роботі вирішаться через ваше розуміння і віру в духовне значення страждань Ісуса. Цей розділ допомагає вам пізнати ту глибоку любов Божу, знищити всякий вияв зла і стати частиною божественної природи.

Розділ 7, "Останні сім слів Ісуса на хресті," пояснює духовну суть останніх семи фраз Ісуса на хресті саме перед тим, як Він помер. Через останні сім слів на хресті була виконана місія, яку Ісус отримав від Свого Бога Отця. В розділі наголошується на тому, що люди повинні розуміти величезну любов Христа до людства, чекати на його Другий Прихід і боротися за добро до кінця в надії на воскресіння.

Розділ 8, "Істинна віра і вічне життя", говорить нам, що тільки через істинну віру ми станем одним цілим з нашим Нареченим Ісусом Христом. Біблія попереджає тих, хто каже, що вони вірять в Спасителя Ісуса Христа, але не можуть бути врятовані в Судний день. Біблія наголошує не тільки на прийнятті Ісуса Христа, а й на тому, що для досягнення вічного спасіння люди повинні їсти плоть Ісуса Христа і пити Його кров. Ви зможете отримати істинну віру, яка проведе вас до шляху спасіння, якщо з'їсте Його плоть і вип'єте кров. Цей розділ також показує вам природу істинної віри, шлях як її здобути і що треба робити, щоб досягнути спасіння.

Розділ 9, "Народитися з води і Духу," спочатку згадує розмову між Ісусом і Никодимом. Цей обмін думками підводить підсумок *Послання Хреста*. Ваше серце повинно постійно оновлюватися через воду і Святий Дух, поки не прийде Ісус Христос. Весь ваш дух, душа і тіло повинні залишатися бездоганними в час Другого Приходу Господа Ісуса Христа, час коли Бог прийме вас як Свою красиву наречену.

Розділ 10, "Що таке єресь?" розкриває природу єресі, розглядає негативні і хибні стереотипи, які мають християни щодо неї. Сьогодні багато людей неправильно розуміють або називають могутні творіння Божі єретичними або помилковими, тому що вони не знають біблійного визначення єресі. Цей розділ попереджає вас, що ви не повинні ні звинувачувати, ні засуджувати творіння Святого Духа як єретичні і пояснює як відрізнити дух правди від духу омани, розповідає нам про деякі єретичні секти. Зрештою, в розділі наголошується, що треба постійно бути пильними і молитися, жити в правді, щоб не спокуситися духом омани.

Апостол Павло сказав про послання хреста, Божу мудрість в Першому посланні до коринтян 1:18: *"Бо ж слово про хрест тим, що гинуть, то глупота, а для нас, що спасаємось, Сила Божа."* Кожен може осягнути істинну віру, зустріти живого Бога і вповні насолоджуватися християнським життям, коли він зрозуміє таємницю, приховану в хресті і усвідомить глибокий задум Божої величезної любові до людей.

Послання Хреста це основне вчення вашого життя. Тому я молюся іменем Господа за те, щоб ви заклали основу християнського життя і досягли повного спасіння і вічного життя.

Геумсун Він
Керівник редакторської колегії

ЗМІСТ

Розділ 1

Бог Творець і Біблія

- Бог є Творцем
- Я Той, Хто Є
- Бог всезнаючий і всемогутній
- Бог – автор Біблії
- Кожне слово Біблії правдиве

На початку Бог створив Небо та землю.

Буття 1:1

Бог є Творцем

На даний час в світі написана величезна кількість книг, але ніяка інша книга, крім Біблії не може дати вам детальні та чіткі відповіді на питання про походження та створення світу, початок та кінець людства.

Біблія зрозуміло пояснює питання походження світу та життя. В книзі Буття 1:1 говориться: *"На початку Бог створив Небо та землю"*, а в Посланні до євреїв 11:3 читаємо: *"Вірою ми розуміємо, що віки Словом Божим збудовані, так що з невидимого сталось видиме."*

Не все, що ми бачимо було створене з то, що вже існувало. Воно було створене з "нічого" за наказом Божим.

Людина може щось створити з того, що вже існує, тобто перетворити чи сполучити існуючі матеріали, для того, щоб створити щось нове, але неможливо створити щось з нічого.

Неймовірно, щоб людина могла створити живий організм. Навіть якщо вона розвинула наукові технології достатні, щоб виробляти штучний інтелект, комп'ютери чи клоновані ягнята, людина не може створити з нічого, навіть амебу.

Тому люди тільки беруть живі організми з речей, даних Господом, і поєднують їх різними шляхами. Вам треба знати , що це єдине істинне твердження.

Таким чином, мусимо усвідомити, що тільки Бог може створити щось з нічого. Тільки Бог Творець створив всесвіт за Своїм наказом і контролює весь світ, історію, життя і смерть, а також щастя і біди людства.

Докази, які спонукають вас повірити в Бога Творця

Все – будинок, стіл чи навіть ніготь було кимось задумане. Само собою зрозуміло, що має існувати творець цього безмежного світу. Повинен існувати господар, який його створив і ним управляє. Це Бог Творець, про кого неодноразово розповідає Біблія.

Коли ви оглянетесь, ви побачите багато доказів творення. Для простого прикладу візьмемо величезну кількість людей на землі. Незалежно від раси, віку, статі, соціального становища, кожен має два ока, два вуха, один ніс з двома ніздрями і один рот.

Незважаючи на те, що кожна тварина має незначні відмінності відповідно до свого виду, вона має однакові лицьові структури. До прикладу, слон має довгий ніс (хобот), але він розміщений в центрі голови над ротом. Тобто хобот не знаходиться над очима слона, під його ротом чи зверху голови. Кожен слон має дві ніздрі, два ока, два вуха і один рот. Всі птахи в повітрі, всі риби в океані чи в річці мають таку ж будову.

Кожна тварина не тільки має однакову лицьову будову, але й кожен самець має ідентичну травну і репродуктивну системи. Так само, кожен споживає їжу за допомогою рота і все, що потрапляє в рот переходить в шлунок і виходить з нашого тіла. Всі ссавці паруються з протилежною статтю і народжують своїх нащадків.

Коли об'єднати ці очевидні факти, не можна сказати, що це випадковий збіг обставин або доказ еволюції, продиктованої "природним відбором." Еволюційна теорія не може пояснити нічого з вище названого.

Тому те, що і люди і тварини мають однакову органічну будову є достатнім доказом того, що все було створене і задумане Богом Творцем. Якщо б Бог не був єдиним, а одним з багатьох богів, істоти мали б різну кількість органів, різну будову тіла і розміщення органів в ньому.

Крім того, коли ближче ознайомитися з природою і з всесвітом, в них можна знайти багато доказів творення. Як чудово знати, що все в сонячній системі, наприклад обертання землі, працює без найменшої помилки!

Подивіться на годинник на вашому зап'ястку. В ньому є велика кількість детально розроблених частин. Він не буде працювати навіть якщо не вистарчає найменшої частинки. Таким чином, всесвіт був сконструйований, щоб працювати, керуючись Божим задумом.

До прикладу, ні людина, ні будь-яка інша форма життя не може існувати без місяця, який обертається навколо землі. Місяць не може знаходитися трошки далі чи ближче від землі, ніж він зараз є. Бог розмістив його на належній відстані для того, щоб людина могла жити на землі.

Через теперішнє розташування місяця, його гравітація призводить до утворення морських припливів і відпливів. А хвилі дозволяють морю постійно очищуватися і не застоюватися. Подібно були створені всі речі у всесвіті, щоб точно рухатися відповідно до задуму Божого.

Чому деякі люди не вірять в Бога Творця?

Деякі люди вірять в Бога Творця і живуть відповідно до Його Слова. Чому люди, які мають аналітичний склад розуму і прагнуть знайти відповіді на все в науці, не вірять в Бога Творця?

Якщо ще з дитинства ви дізналися від віруючих християн, що Бог живий і Він є Всемогутнім Творцем, вам не буде важко повірити в Бога Творця.

Проте, сьогодні, ще з юнацьких років на багатьох з вас вплинув еволюціонізм, існує багато "знань", які не обов'язково є завжди правдивими. Ви також об'єднуєтеся з тими, хто не вірить в Бога чи сумніваються в Ньому.

Після певного періоду часу, проведеного в такому оточенні, якщо ви ходите до церкви і чуєте Слово Боже, часто до вас підкрадаються сумніви та конфлікти і ви не можете повірити в Бога Творця, тому що ваші попередні знання суперечать тому, про що ви дізнаєтеся і що чуєте в церкві.

Навіть якщо регулярно відвідуєте церкву, ви не зможете осягнути духовної віри – віри, яку породжує сам Бог, поки з вашої голови не зникнуть отримані раніше думки і знання.

Це поза всякими сумнівами.

Без духовної віри ви не можете повірити в Царство Небесне чи Пекло. Ви вважаєте видимий світ єдиним світом і йдете своїми власними шляхами.

Чи зустрічали ви коли-небудь теорії, які визнали і прийняли в певний період часу, і які згодом переглянули і замінили новими теоріями? Навіть якщо немає конкретного випадку, правдою є те, що загальноприйняті теорії і твердження постійно переглядали або пізніше доповнювали новими відкритими фактами.

З часом наука розвивається і люди вигадують кращі пояснення і теорії, навіть якщо вони не є ідеальними. Я не стверджую, що дослідження багатьох вчених є хибними.

Але на землі ще є багато речей, які людина не в змозі пояснити, тому потрібно усвідомлювати цей факт.

До прикладу, якщо говорити про всесвіт, то ви ніколи не були з того боку всесвіту, ані поверталися до стародавніх часів. Проте, люди намагаються пояснити його, висуваючи різноманітні гіпотези та теорії.

Перед тим, як людина побувала на місяці ми думали: "Там можуть бути якісь живі організми, або їх можна зустріти в цій сонячній системі поза межами землі." Проте після висадки людини на місяць ми заявили: "Там немає ніяких живих організмів." Сьогодні науковці говорять: "Живі організми можливо є на Марсі" або "На Червоній планеті зустрічаються сліди води."

Навіть якщо ви проводили дослідження довгий період часу і збагатили свої знання, якщо ви не знаєте волі, задуму і сили Бога Творця, ви їх закінчите, зіткнувшись з обмеженістю людських можливостей.

Тому в Посланні до римлян 1:20 читаємо: *"Бо Його невидиме від створення світу, власне Його вічна сила й Божество, думання про твори стає видиме. Там що їм немає виправдання."*

Хто б не відкрив своє серце і почав роздумувати, він зможе відчути силу Божу і Його божественну природу через творіння такі як сонце, місяць і зорі – речі, з допомогою яких Бог дає вам можливість знати про Його існування і вірити в Нього.

Я Той, Хто Є

Почувши про Бога Творця, багато людей можуть здивуватися: "Як Він почав своє існування?" "Звідки Він взявся?" чи "З появою чого Він з'явився?"

Знання і думки людини не можуть перетнути певну межу, яка вказує на те, що має бути початок і кінець всього існуючого. Тому ми вимагаємо чітких відповідей на такі запитання. Однак, Бог існує і поза людським розумінням, бо Він той, хто "Був", "Є" і "Буде".

Книга Еклезіаста 3 змальовує сцену, в якій Бог наказав Мойсею вести ізраїльтян в землю Ханаан. В свою чергу Мойсей запитав Господа як йому відповідати ізраїльтянам, коли вони запитають про ім'я Бога.

Тоді Бог мовив до Мойсея: "Я ТОЙ, ХТО Є" і наказав йому сказати ізраїльтянам: *"Сущий послав мене до вас."* (Вихід 3:14).

"Хто Є" це фраза, яку Бог використовує для того, щоб називати Себе, і вона означає, що ніхто Його не породив, проте Він є ідеальною істотою, Самим Творцем.

На початку Бог був світлом з голосом

В Святому Євангелії від Івана 1:1 читаємо: *"Споконвіку було Слово, а Слово в Бога було, і Слово було Бог."* Таким чином, Бог, який був на початку Словом, був істотою, яка існувала цілком самостійно без самого процесу творення. Як і де Він існував?

Бог це Дух, тому Він існував як Слово в четвертому вимірі, це духовне царство, невидиме в третьому вимірі. Бог не існував ні в якій формі, Він був глибинним і чудовим світлом з чистим та ясним голосом, який керував усім всесвітом.

Тому в Першому соборному посланні св. апостола Івана 1:5 сказано: *"А ось та звістка, що ми її чули від Нього і звіщаєм вам: Бог є світло, і немає в Ньому жодної темряви!"* Цей вислів має духовне значення і виражає майбутнє Бога, який на початку був світлом.

На початку Бог існував як світло з голосом в ньому. Його голос чистий, приємний і м'який, він лунає над всім всесвітом. Ті, хто особисто коли-небудь чули голос Бога можуть зрозуміти це.

Бог був сам перед віками

Бог Творець існував перед віками, задумав виховати Своїх істинних духовних дітей і продовжує це робити. Тому, якщо ви повністю хочете зрозуміти Бога ХТО Є, ви повинні відкинути всі думки, теорії і стереотипи і надалі прийняти творіння Боже.

На відміну від творіння Божого, речі, створені людиною мають свої межі і вади. З постійним розвитком людської науки і цивілізації, з'являються все кращі продукти, але вони все ще мають багато недоліків.

Деякі люди створюють ідоли з золота, срібла, бронзи і металу, і називають їх богами, перед якими вони схиляють свої голови і просять благословення. Але це просто дерев'яні, металеві чи кам'яні образи, які не можуть дихати, говорити чи навіть кліпати очима (Авакум 2:18-19).

Незважаючи на їх заклики бути мудрими, люди насправді не можуть відрізнити правду від брехні, їм легше створити певні образи і називати їх своїми богами, яким вони поклоняються (до Римлян 1:22-25). Як це безглуздо і ганебно?!

Отже, якщо люди поклонялися і служили несправжнім богам, бо не знали Бога, вони повинні в цьому старанно розкаятися, поклонятися Богу ХТО Є і виконувати свої обов'язки як Його діти.

Бог всезнаючий і всемогутній

Бог Творець, який створив увесь всесвіт, є ідеальною істотою. Він існував перед віками, Він є всезнаючим і всемогутнім. В Біблії увічнені численні дива і чуда, які не могла творити людська сила і знання.

Ці могутні творіння всезнаючого і всемогутнього Бога залишаються однаковими вчора і сьогодні. Вони відбувалися в часи Нового та Старого Заповіту через багатьох людей Божих, які були наділені Його силою.

Як Ісус сказав в Євангелії від Івана 4:48: *"Як знамен тих та чуд не побачите, не ввіруєте"*, люди не повірять поки не побачать творіння Всемогутнього Бога.

Бог посилає чудесні дива і знаки

В книзі Вихід детально записано, що всезнаючий і всемогутній Бог посилав чудесні дива і знаки через Мойсея, коли Він вивів народ Ізраїля з Єгипту в землю Ханаанську.

До прикладу, коли Бог наказав Мойсею піти до Фараона, царя Єгипту, Він наслав десять кар на нього і на його народ, потім розділив Червоне море, дав ізраїльтянам можливість йти по суші і величезною хвилею знищив нажахану єгипетську армію.

Навіть після виходу євреїв з Єгипту, вода полилася зі скелі, коли Мойсей вдарив по ній своєю палицею, гірка вода перетворилася на солодку і манна зійшла із неба, тому багато людей могли жити, не турбуючись про їжу.

Пізніше, в Старому Заповіті ми бачимо як Господь дав Іліру можливість передбачити засуху, яка тривала три з половиною роки, молитвами викликати дощ і воскрешати мертвих.

В Новому Заповіті можна побачити як Ісус, Божий Син, воскресив Лазаря, який вже чотири дні лежав мертвим, вилікував сліпця і зцілив багатьох людей від різних хвороб, недуг та злих духів. Він йшов по воді і заспокоював вітер та хвилі.

Бог творив надзвичайні чуда через Павла. Навіть коли хустки і пояси з його тіла приносили хворим, то хвороби їх залишали і духи лукаві виходили з них (Діяння 19:11-12). Петро, хто був одним з найкращих апостолів Ісуса, творив численні дива. Люди виносили хворих на вулиці, клали на ложі і ноші, для того щоб, хоч Петрова тінь впала на когось із них (Діяння 5:15).

Крім того, Бог творив чуда і посилав знаки через Стефана і Філіпа в Біблії. Він також продовжує робити це через нашу церкву навіть сьогодні.

Бог – автор Біблії

Бог є Дух, тому Він невидимий, але завжди проявляє Себе різними шляхами. В загальному Господь виявляє себе через природу і особливо через свідчення людей, які були зцілені та отримали відповіді від Нього. Він також детально виявляє Себе в Біблії.

Саме через Біблію можна пізнати Єдиного істинного Бога, зустріти Його і, усвідомивши творіння Божі, отримати спасіння і вічне життя. До того ж, ви можете успішно жити і хвалити Бога, розуміючи любов Господню і знаючи як Його треба любити і як Він вас любить (1 до Тимофія 3:15-17).

Святе Письмо богонатхненне

В Другому соборному посланні св. апостола Петра 1:21 говориться: *"Бо пророцтв ніколи не було з волі людської, а звіщали його святі Божі мужі, проваджені Духом Святим"* і в Другому посланні до Тимофія 3:16 читаємо: *"Усе Писання Богом натхненне."* Це означає, що Біблія від книги Буття до Апокаліпсису є словом Божим, яке було записано тільки з Божої волі.

Тому є багато виразів, таких як "Бог каже," "ГОСПОДЬ говорить," і "ГОСПОДЬ Бог каже." Вони підтверджують те, що Біблія є не людським, а Божим словом.

Біблія містить 66 книг, які в свою чергу складаються з 39 книг Старого Заповіту і 27 книг Нового Заповіту. Вважають, що їх писали 34 автори. Період написання Біблії охоплює від 1500 року до нашої ери до 100 року від Різдва Христового, тобто близько 1,600 років. Дивовижним є те, що багато різних авторів писали її, проте Біблія в цілому повністю послідовна від початку до кінця і кожен її вірш відповідає іншим віршам.

В книзі пророка Ісаї 34:16 читаємо: *"Пошукайте у книзі Господній й читайте: Із них не забракне ні одного, не будуть шукати один одного, бо то уста Його наказали, а Дух Його їх зібрав!"*

Таке могло статися через те, що справжнім автором Біблії є Бог, і Дух Святий управляв серцями письменників і збирав слова докупи. Треба пам'ятати, що технічними авторами Біблії є письменники, які записували все замість Бога, а фактичним автором Біблії є Господь.

Скажімо, є стара мати, яка живе в сільській місцевості. Вона відсилає листа своєму молодшому сину, який навчається в місті. Вона безграмотна, тому диктує своє повідомлення старшому сину. Коли її молодший син в місті отримає листа, він подумає, що це його мати послала йому листа, а не його старший брат, хоча насправді лист написав його брат. Так само і Біблія.

Послання Божої любові сповнене благословенням та обіцянками

Біблію записали слуги Божі, натхненні Святим Духом, для того, щоб відкрити Самого Господа. Потрібно вірити в те, що це Слово правдивого Бога, який відкрив Себе.

Слово Господнє то дух і життя (Іван 6:63), тому хто почує і повірить в нього здобуде вічне життя, а душа його збагатиться. Хто вірить і підкоряється слову Божому, буде процвітати і стане досконалою людиною Божою, яка наслідує приклад Ісуса Христа.

Бог воплотився і зійшов на землю, щоб люди змогли

Його побачити. І тим Богом був Ісус. Пилип, апостол Ісуса, не знав цього і вимагав, щоб Ісус показав йому Бога. Він не зміг зрозуміти, що Ісус був втіленням Бога, як говорить прислів'я: "Під самим світильником завжди темно".

В Євангелії від Івана 14:8 та в наступних віршах подається розмова між Пилипом та Ісусом:

Говорить до Нього Пилип: "Господи, покажи нам Отця, і вистачить нам." Промовляє до нього Ісус: "Стільки часу Я з вами, ти ж не знаєш, Пилипе, Мене? Хто бачив Мене, той бачив Отця, то як же ти кажеш: "Покажи нам Отця?" Чи не віруєш ти, що Я в Отці, а Отець в Мені? Слова, що Я вам говорю, говорю не від Себе, а Отець, що в мені перебуває, Той чинить діла ті" (Іван 14:8-10).

Хоча Ісус через дива, які були б неможливими без сили Божої переконливо довів, що Він і Бог це одне ціле, Пилип хотів, щоб Ісус показав йому Отця. Ісус сказав вірити в Його вчення і доказами будуть самі дива.

Бог воплотився і прийшов в цей світ, щоб відкрити Себе, Він написав Біблію, тому що звичайно люди не можуть побачити Його своїми власними очима.

Тому ви можете отримати обіцяні в Біблії благословення і відповіді, якщо ви дійсно маєте дорогоцінний зв'язок з Богом живим через Біблію, знаєте Його волю і задум, дотримуєтеся Його Слова.

Кожне слово Біблії правдиве

Історичні записи дають можливість дізнатися про людей чи події, які відбувалися в певний проміжок часу в минулому. Історія є підсумком зміни часів, вона дає вам можливість отримати детальні відомості про особливості, людей чи побутові умови тих часів.

Історія людства доказала, що Біблія правдива. Ви бачите, що Біблія є історичною та реалістичною, особливо якщо ретельно придивитися до подій, людей, місць чи звичаїв, про які йдеться в Біблії.

Оскільки Старий Заповіт був дійсно створений, базуючись на об'єктивних фактах, наприклад важливих чи незначних подіях, в яких брали участь окремі особи, люди чи групи людей від часів Адама і Єви, ізраїльський народ до сьогодні вважає Старий Заповіт своїм священним історичним документом і спадком. Навіть багато істориків визнають Біблію достовірним джерелом.

Історія доводить правдивість Біблії

Перш за все, беручи за основу Біблію, я б хотів розповісти вам історію Ізраїлю і довести, що Слово Боже в Біблії правдиве.

Адам, прабатько людей, згрішив проти Бога, тому після цього його нащадки, всі люди пішли грішним шляхом і жили, не знаючи Бога, їхнього Творця. Саме тоді Бог вибрав один народ і захотів відкрити через нього Свою волю і задум.

Спочатку, Бог прикликав Авраама, котрий мав найкраще "сердечне поле", очистив його і зробив батьком віри. Авраам був батьком Ісаака, а Ісаак був батьком Якова, і назвав Господь Якова "Ізраїль", і створив 12 племен з його 12 синів.

Бог наказав Якову переїхати до Єгипту і допоміг створити народ, збільшуючи число його нащадків, і врешті решті повів їх до землі Ханаан.

Коли Мойсей був в пустелі, Бог дав йому Закон, навчив ізраїльтян жити відповідно до Його Слова, і вів їх тільки за словом Своїм.

Після прибуття в землю ханаанську, народ процвітав тільки тоді, коли дотримувався Закону. Коли ізраїльтяни служили ідолам і чинили зло, їх національні сили занепадали і вони страждали від іноземних вторгнень. Ізраїльтян ув'язнювали або поневолювали. Коли вони каялися, їхній народ відроджувався. Це повторювалося знову і знову.

Таким чином, через історію Ізраїлю Бог показав всім людям, що Господь живий і Своїм Словом Він править всім на світі.

Можна також побачити, що біблійні пророцтва здійснилися або ще в процесі виконання. До прикладу, в Євангелії від Луки 19:43-44 Ісус пояснив упадок Єрусалиму, кажучи:

Бо прийдуть на тебе ті дні, і твої вороги тебе валом оточать, і обляжуть тебе, і стиснуть тебе звідусюди. І зрівняють з землею тебе, і поб'ють твої

*діти в тобі, і не залишать у тобі каменя на камені,
бо не зрозумів ти часу відвідин твоїх.*

Цими віршами Ісус хотів показати як буде знищений
Єрусалим через свою зростаючу слабкість. Пророцтво
збулося в 70 році від Різдва Христового, коли генерал
Римської імперії Тит зі своїми людьми побудував вал
навколо Єрусалиму, оточив його і вбив багатьох людей
всередині укріплення. Це відбулося лише через 40 років
після пророцтва Ісуса.

Ісус сказав в Євангелії від Матвія 24:32: *"Від дерева ж
фігового навчіться прикладу: коли віття його вже
м'якшає, і з'являється листя, то ви знаєте, що близько
вже літо."* Фігове дерево символізує ізраїльський народ.
Цей приклад показує, що Ізраїль стане незалежним, коли
наблизиться Другий Прихід Ісуса. Зрештою, історія
засвідчує, що ці Божі слова справдилися, коли Ізраїль, який
впав в 70 році від Різдва Христового був чудом відновлений
14 травня 1948 року, після 1900 років від його зруйнування.

Старозавітні пророцтва і їх виконання в Новому Заповіті

Дослідивши як старозавітні пророцтва виконувалися в
часи Нового Заповіту, я можу засвідчити, що Слово Боже в
Біблії правдиве.

Закон Старого Заповіту не був ідеальним шляхом
"здобуття справжніх дітей Божих." Це була просто тінь, яка

доводила існування Бога. Ось чому всюди у Старому Заповіті Бог обіцяє прихід Месії. Коли час настав, Він послав Ісуса Христа в цей світ, щоб дотриматися Своєї обіцянки.

Очевидно, що Ісус прийшов на землю близько 2,000 років тому. Західна історія значною мірою поділена на дві частини, відповідно до часу народження Ісуса. Вираз "B.C." означає до нашої ери *(Before Christ)*, позначаючи історію до часів Ісуса, в той час як "A.D." розшифровується як *Anno Domini,* що означає від Різдва Христового, або "в рік нашого Господа." Навіть сама історія підтверджує народження Ісуса.

Ось що пише книга Буття 3:15:

І Я покладу ворожнечу між тобою й між жінкою, між насінням твоїм і насінням її. Воно зітре тобі голову, а ти будеш жалити його в п'яту.

Цей вірш провіщає, що наш Спаситель, як жіноче насіння прийде і знищить владу смерті. "Жінка" в цьому уривку позначає Ізраїль. Фактично, Ісус прийшов на землю як син Йосипа, який належав до ізраїльського племені Юди (Лука 1:26-32).

В книзі Ісаї 7:14 читаємо: *"Тому ГОСПОДЬ Сам дасть вам знак: Ось Діва в утробі зачне, і Сина породить, і назвеш ім'я Йому: Еммануїл."*

Мається на увазі, що Син Божий буде посланий для спокутування гріхів людства через зачаття Святого Духа. Дійсно, Ісус народився від Духа Святого і Діви Марії

(Матвій 1:18-25).

Провіщали, що Ісус народиться в районі Вифлеєму, так в книзі пророка Михея 5:2 читаємо:

І ти, Вифлеєме-Єфрате, чи ти замалий поміж тисячами юдейськими? Із тебе вийде Мені Той, Котрий має бути Володарем в Ізраїлі, і Котрого походження від початку, від днів вічних.

Виконуючи Слово Боже, Ісус народився у Віфлеємі, що знаходиться в Юдеї під час правління царя Ірода. Навіть історія це підтверджує.

Вбивство багатьох невинних новонароджених дітей царем Іродом в час народження Ісуса (Єремії 31:15; Матвій 2:16), вхід Ісуса в Єрусалим (Захарія 9:9; Матвій 21:1-11) і вознесення Ісуса на небеса (Псалми 16:10; Діяння 1:9) були провіщені і відповідно виконані.

До того ж, зрада Юди Іскаріота, який 3 роки був учнем Ісуса (Псалми 41:9) і видача ним Ісуса за 30 срібних монет (Захарія 11:12) були провіщені і справдилися.

Тому ви можете повірити, що Біблія правдива і що це дійсно Слово Боже, особливо якщо взяти до уваги всі старозавітні пророцтва, які були точно виконані.

Біблійні пророцтва, які мають здійснитися

Ісус Христос став нашим Спасителем, виконуючи всі старозавітні пророцтва в часи Нового Заповіту. Кожне пророцтво щодо Ісуса, хід ізраїльської історії та історія людства — це все безпомилково сповнилося. Уважне дослідження людської історії доводить, що всі пророцтва в Біблії справдилися і ще будуть виконані.

Пророки часів як Старого так і Нового Заповіту передбачали підйом і занепад світової держави, руйнування та відбудову Єрусалиму, а також майбутні діяння видатних людей. Багато біблійних пророцтв вже виконані, багато виконуються зараз. Люди ще побачать Другий Прихід Ісуса, Вознесіння, тисячолітнє царство Христа і суд Великого Білого престолу. Наш Бог тепер готує місце для вас, як Він обіцяв (Іван 14:2) і скоро забере вас до вічного життя.

Зараз наш світ страждає від голоду, землетрусів, природних аномалій і величезних катастроф. Це не треба сприймати як випадковість, а натомість зрозуміти, що Другий Прихід Ісуса наближається (Матвій 24:3-14). І вам треба досягти повного спасіння пробудившись та прибравшись як невіста.

Розділ 2

Бог створює і культивує людину

- Бог створює людей
- Чому Бог культивує людей?
- Бог відділяє пшеницю від полови

І Бог на Свій образ створив людину, на образ Божий Він її створив, як чоловіка та жінку створив їх. І поблагословив їх Бог, і сказав Бог до них: Плодіться й розмножуйтеся, і наповнюйте землю, оволодійте нею, і пануйте над морськими рибами, і над птаством небесним, і над кожним плазуючим живим на землі!

Буття 1:27-28

Нарешті вам випала можливість запитати про походження, призначення, мету і значення життя. Тоді ви спробуєте отримати відповіді. Багато людей використовують різноманітні способи, щоб зрозуміти ці питання, проте вони помирають, так і не отримавши правдивих відповідей.

Всесвітньо відомі мудреці, такі як Конфуцій, Будда чи Сократ також намагалися отримати відповіді на ці основоположні питання. Конфуцій зосередив свою увагу на моралі, яка наголошувала на тому, що абсолютна чеснота вважалася етичним ідеалом. Він виховав багато послідовників. Будда довгий час накладав на себе епітимію[1] для того, щоб відійти від земного існування. Сократ намагався осягнути правду своїм власним шляхом і шукав істинне знання.

Проте, ніхто з них не міг знайти незмінне фундаментальне вирішення, осягнути істинну правду чи здобути вічне життя. Це сталося тому, що правда, прихована перед створенням світу є чимось духовним, невидимим і невловимим. Поки ви не зрозумієте задум Бога Творця культивувати людей, доти не зможете знайти чітких відповідей на питання про життя.

---

[1] Епітимія: Єпитимія (грец. epitimion, від грец. epi — над, грец. timi — покарання) — накладення на людину стягнення за її гріхи. Покута, кара за гріхи (Прим. перекл.).

Бог створює людей

Величним є незбагненне утворення органів, клітин і тканини людського тіла. Бог, хто таким чином створив людину, хоче здобути справжніх дітей, з якими Він може вічно ділитися своєю любов'ю. Для цього Бог створив людину за Своїм образом і Своєю подобою, займався її культивуванням[2] і приготував небеса.

Тоді, як Бог сформував все у всесвіті і створив людину?

Шестиденне створення світу Богом

В книзі Буття 1 влучно описується процес, під час якого за шість днів Бог створив небо і землю. І сказав Бог: *"Хай станеться світло! І сталося світло"* (Буття 1:3). Тоді Він промовив: *"Нехай збереться вода з-попід неба до місця одного, і нехай суходіл стане видний. І сталося так."* (Буття 1:9). І так далі.

В Посланні до євреїв 11:3 сказано: *"Вірою ми розуміємо, що віки Словом Божим збудовані, так що з невидимого сталось видиме."* Бог Своїм Словом створив увесь всесвіт.

Першого дня Бог сотворив світло, а другого – небесне склепіння. На третій день, Господь сказав: *"Нехай збереться вода з-попід неба до місця одного, і нехай суходіл стане видний"* (Буття 1:11). І сталося так. Бог назвав суходіл

---

[2] Культиування: процес виховання людей Богом, так як батьки виховують своїх дітей (Прим. перекл.)

землею, а місце зібрання води Він назвав морем. Тоді Бог сказав: Нехай земля вродить траву, ярину, що насіння вона розсіває, дерево овочеве, що за родом своїм плід приносить, що в ньому насіння його на землі. І земля траву видала, ярину, що насіння розсіває за родом її, і дерево, що приносить плід, що насіння його в нім за родом його. На четвертий день, Він створив сонце, місяць і зорі на небесному склепінні, і наказав сонцю керувати днем, а місяцю керувати ніччю. На п'ятий день, Бог створив морських істот і всіх живих створінь, якими наповнена вода, за родом їхнім, і все крилате птаство за родом його. На шостий день Він створив худобу, яка ходить по землі, і диких тварин всіх за родом їхнім.

Людина, створена за образом Божим

Бог Творець протягом шести днів готував середовище, в якому змогла б жити людина, а тоді створив її за Своїм образом. Він поблагословив людину як повелителя всіх істот, і наказав їй володіти і правити над ними.

І Бог на Свій образ людину створив, на образ Божий Він її створив, як чоловіка та жінку створив їх. І поблагословив їх Бог, і сказав Бог до них: Плодіться й розмножуйтеся, і наповнюйте землю, оволодійте нею, і пануйте над морськими рибами, і над птаством небесним, і над кожним плазуючим живим на землі! (Буття 1:27-28).

З чого тоді Бог створив людину?

І створив Господь Бог людину з пороху земного. І диханя життя вдихнув у ніздрі її, і стала людина живою душею (Буття 2:7).

В цьому вірші порох позначає глину. Умілий гончар, використовуючи високоякісну глину, створює високовартісну сірувато-зелену або білу порцеляну. Інші гончарі навпаки роблять неполіровані вироби, покрівельну черепицю чи цеглу.

Цінність певної кераміки в основному залежить від того, хто їх робить, наскільки майстерно, яку глину він використовує і що це за гончарні вироби. Тоді наскільки прекрасним є створіня Всевишнього Творця?

Після того, як Бог сотворив людину за своїм образом, Він вдихнув в її ніздрі диханя життя, тобто життєву енергію. Тоді людина стала живим духом. Диханя життя це сила, влада, енергія і дух Божий.

Бог вдихає в людину диханя життя

Коли ви уявите собі процес випромінювання флуоресцентного світла, вам буде легше зрозуміти творення людини як живого духа. Щоб засвітити флуоресцентну лампочку, потрібно мати хороший світильник, а потім увімкнути вмикач. Проте, вона не зможе світити, поки не буде поданий електричний струм.

Так само у вас вдома працює телевізор. Ви нічого не зможете побачити на екрані, поки не ввімкнете його, але коли він починає працювати ви бачите різні образи та чуєте звуки. Образи стають видимими, коли просто включається телевізор. Проте детально розроблені частини телевізора зібрані дуже складним чином.

Так само, Бог з пороху створив не тільки форму людини, але й її внутрішні органи і кістки. Він створив кровоносні судини, якими текла кров, і нервову систему, яка могла безпомилково виконувати свої функції.

Сила Господня може перетворити порох в гладеньку шкіру, якщо Він того захоче. Бог вдихнув життя в людину, так само як дозволив функціонувати електричному струму. Тоді кров в людині почала циркулювати, і вона змогла дихати і рухатися.

До того ж, завдяки тому, що Бог створив запам'ятовуючі одиниці в клітинах мозку людей, вони можуть вносити і запам'ятовувати те, що чують і відчувають. Те, що внесено і запам'ятовано стає знанням, а знання відображається у вигляді думок. Коли в житті ви використовуєте накопичені знання, це називають мудрістю.

Хоча люди прості істоти, вони стали розумнішими і вдосконалили свої знання, розвинули дуже складну наукову цивілізацію. Зараз вони досліджують всесвіт, створюють комп'ютери і вводять в них величезну кількість інформації, тому люди отримують велику користь від комп'ютерів, так само як Бог створив одиниці пам'яті в клітинах мозку. Вони дійшли навіть до створення комп'ютерів з штучним інтелектом, які можуть розпізнавати листи чи людський голос, а також спілкуватися з іншими. З часом вони стануть все більш розвиненими.

Наскільки просто напевно було Всевишньому Творцю створити людину з пороху земного і вдихнути дихання життя, щоб вона стала живою істотою! Для Бога, який може створити щось з нічого це так просто, але для людини це так дивовижно і незбагненно (Псалми 139:13-14).

Чому Бог культивує людей?

Ісус навчає нас Божому задуму через багато притч. Оскільки духовне царство не можливо осягнути без людського знання, для кращого розуміння Він використовує земні приклади.

Багато з них пов'язані з культивуванням. До прикладу, є притча про сіяча (Матвій 13:3-23; Марко 4:3-20; Лука 8:4-15), притча про гірчичне зерно (Матвій 13:31-32; Марко 4:30-32; Лука 13:18-19), притча про пшеницю і кукіль (Матвій 13:24-30, 36-43), притча про виноградник (Матвій 20:1-16) і притча про виноград і виноградарів (Матвій 21:33-41; Марко 12:1-9; Лука 20:9-16).

Ці притчі показують нам, що так само як фермер очищує землю, сіє зерна, обробляє їх і збирає урожай, Бог формує і виховує людей на землі і відділить пшеницю від полови.

Бог хоче поділитися істинною любов'ю зі Своїми дітьми

Бог має не тільки божественне, а й людське начало. Божественність це сила самого всезнаючого і всемогутнього Бога Творця, а людяність це розум людини. Проте, Бог, на відміну від людей, створив увесь всесвіт, людську історію і життя. Він також відчуває радість, гнів, смуток і задоволення, і хоче поділитися любов'ю зі Своїми дітьми.

Біблія безліч разів показує нам, що так само як і люди, Бог є особистістю; Бог радіє і благословляє людей, створених за образом Божим, коли вони чинять правильно, але Він журиться і лютує, коли вони грішать. Бажання Бога спілкуватися зі Своїми дітьми і давати їм все хороше часто виражається в слові Божому.

Якщо б Бог мав тільки божественні риси, Йому не потрібно було б відпочивати після шестиденного створення світу, і Він не хотів би спілкуватися з нами, говорячи: *"Безперестанку моліться!"* (1 до Солунян 5:17) і *"Звертайся до Мене і тобі відповім, і тобі розповім про велике та незрозуміле, чого ти не знаєш!"* (Єремія 33:3).

Деколи вам хочеться побути на самоті, але радісніше бути з другом-однодумцем, який може поділитися його або її любов'ю. Так само Бог створив людину за своїм образом, тому що він хоче віддавати свою любов і отримувати чиюсь. Він виховує людський дух на землі, бо Він прагне мати справжніх дітей, які зможуть розуміти його Любов і любити Його всім своїм серцем.

Бог хоче, щоб діти добровільно підкорялися

Декого може здивувати те, що Бог створив людей і виростив їх в той час, коли на небі є багато покірних ангелів і сил небесних. Проте, більшість ангелів не мають людських рис, які є найважливішими в даруванні любові. Іншими словами, вони не мають волі, щоб самостійно вибирати. Вони виконують накази як роботи, але не можуть відчути людських почуттів: радості, гніву, смутку чи задоволення. Тому вони не можуть від всього серця ділити з Богом любов.

До прикладу, уявіть що ви маєте двох дітей. Одна з них тільки виконує ваші накази, як добре запрограмований робот, який не виражає емоцій, думок чи любові. Інша деколи ранить ваші почуття, але швидко шкодує про зроблене, горнеться ласкаво до вас і різними способами показує свою любов. Тоді кого ви будете любити більше? Звичайно останню.

Уявімо, що ви маєте робота, який готує, прибирає будинок і служить вам. Навіть в такому випадку ви не любите робота більше за своїх дітей. Неважливо як тяжко працює на вас робот і яким корисним він може бути, він не може замінити дітей.

Так само і Бог любить людей з їх розумом та емоціями, які з радістю добровільно підкоряються Йому більше, ніж янголів і сил небесних, які діють як покірно запрограмовані роботи. Він дає людям свободу вибору і Своє Слово. Потім Він навчає їх що добре, а що зле, і який є шлях спасіння чи смерті. Він терпялче чекає, поки вони стануть справжніми дітьми Господніми.

Бог з батьківською любов'ю культивує людину

В книзі Буття 6:5-6 пише: *"Побачив, що людська злоба на землі велика, та що всі думки й помисли сердець увесь час тільки злі, і пожалів, що створив людину на землі, тож на серці йому стало важко."*

Чи це означає, що Бог не знав про це, коли створював людину? Звичайно знав. Бог всезнаючий і всемогутній, тому Він знав про все ще перед віками. Незважаючи на це, Він створив людей і виховував їх.

Якщо ви маєте дітей, вам напевно легше це зрозуміти. Як тяжко народити дітей і виростити їх! Коли жінка вагітна, вона впродовж дев'яти місяців переносить багато страждань, наприклад нудоту. Під час пологів мати терпить величезний біль. Батьки докладають великих зусиль і тяжко працюють вдень і вночі для того, щоб прогодувати, одягнути і навчити дітей. Коли діти приходять до дому пізно, їхні батьки хвилюються про них. Коли вони хворіють, батьки відчувають набагато більшу біль, ніж їхні діти.

Чому батьки виховують своїх дітей, незважаючи на всі страждання і зусилля? Причиною є те, що батькам треба когось, з ким можна було б ділитися своєю любов'ю, хто може відчувати батьківську любов і любити батьків всім своїм серцем. Навіть такі страждання приносять батькам щастя. Більше того, як це чудово, якщо діти дуже схожі на своїх батьків! Звичайно, не всі діти можуть бути слухняними. Деякі діти люблять і поважають своїх батьків, проте деякі засмучують їх.

Так само, знаючи про всі турботи при вихованні дітей, батьки не вважать стражданнями. Натомість, вони докладають величезних зусиль, очікуючи, що їх діти виростуть хорошими і стануть їхньою радістю. Так само і Бог знав, що люди не коритимуться, зіпсуються і будуть приносити горе, але Він також знав, що будуть справжні діти, які поділять любов з Ним. Отож, Бог створив людей і охоче їх виховував.

Бог хоче, щоб Його славили справжні діти

Бог виховує людський дух на землі не тільки, щоб отримати справжніх дітей, а й для того, щоб вони хвалили Його. Бога завжди може славити велика кількість янголів і сил небесних. Проте, насправді Він хоче, щоб Його справжні, Ним виховані діти приносили Йому хвалу з глибини їх душ.

Бог говорить в Книзі пророка Ісаї 43:7, що *"Кожного, хто тільки зветься Іменням Моїм, і кого Я на славу Свою створив, кого сформував та кого Я вчинив."* і в Першому посланні до коринтян 10:31 навчає: *"Тож, Коли ви їсте, чи коли ви п'єте, або коли інше що робите, усе на славу Божу робіть!"*

Бог є Творцем, Любов'ю і Справедливістю. Він віддав Свого єдиного Сина задля нашого спасіння і підготував небеса і вічне життя. Він більш ніж заслуговує на славлення. Крім того, Він хоче повернути славу тим, хто Його вихваляє.

Тому ви повинні стати справжніми дітьми Божими, які

назавжди можуть розділити з Ним любов, розуміючи чому Бог хоче, щоб Його славили Його духовно виховані діти.

Бог відділяє пшеницю від полови

Фермери обробляють землю, тому що вони хочуть зібрати багатий врожай. Бог також виховує людський дух на землі, щоб отримати справжніх дітей, які не тільки всім своїм серцем люблять і прославляють Його, а й вічно ділять з Ним любов на небесах.

В урожаї завжди є і пшениця і полова, тому фермери відділяють пшеницю від полови, збирають пшеницю в свої комори і спалюють полову. Так само і Господь відділить пшеницю від полови в кінці культивування людського духу:

У руці Своїй має Він віячку, і перечистить свій тік: пшеницю Свою Він забере до засіків, а полову попалить у вогні невгасимім (Матвій 3:12).

Тому треба непохитно вірити, що Бог виховує людські душі на землі, і в Свій час Він забере пшеницю – справжніх дітей на небеса для вічного життя і спалить полову невгасимим пекельним вогнем.

Давайте далі спробуємо зрозуміти хто з людей на Божий погляд є пшеницею, а хто половою, що таке небо і пекло.

Пшениця і полова

Пшениця символізує тих, хто прийняли Ісуса Христа, правдиво живуть і ділять любов з Богом. Вони діти світла, які відновили втрачений образ Божий і роблять те, що наказує Господь.

Полова навпаки уособлює тих, хто не приймає Ісуса Христа, або тих, хто твердить, що вони вірять, але не живуть відповідно до Слова Божого, натомість переслідують свої власні недобрі прагнення.

В Першому посланні до Тимофія 2:4 Бог описується як Той, *"що хоче, щоб усі люди спаслися, і прийшли до пізнання правди."* Іншими словами, Бог хоче, щоб всі люди були пшеницею і ввійшли в Царство Небесне. Бог намагається пояснити вам це різними способами і веде вас до шляху спасіння. Проте, деякі люди зрештою добровільно порушують волю Божу і Його задум. Ці люди для Бога є не кращими за тварин, бо вони втратили людські цінності.

Фермери спалюють полову або використовують її як добриво, бо якщо в коморі зібрати і пшеницю і полову, пшениця зіпсується. Тому Бог не впустить полову в Царство Небесне, де буде пшениця. На відміну від тварин, людина має вічний дух, тому що під час її створення Бог вдихнув в неї життя. Тому Бог не може знищити полову чи не зважати на неї.

Бог неодмінно забере пшеницю на небо і буде вона мати вічне щастя. А полову Він спалить в невгасимому пекельному вогні на віки вічні. Отож пам'ятайте про це, щоб не потрапити в пекельний вогонь.

Краса небес і жах пекла

З одного боку, небеса не можна порівняти з чимось в цьому світі, бо вони надзвичайно прекрасні. До прикладу, на землі квіти скоро в'януть, але квіти на небесах не в'януть і не всихають, бо на небі все вічне. Дороги зроблені з чистого золота, вони прозорі як скло, Ріка Життя тече, сяючи немов дорогоцінний кристал, а будинки зроблені з різних блискучих коштовних каменів. Все невимовно прекрасне (див. *Царство Небесне I і II*).

З іншого боку, в пеклі черв'як не вмирає і вогонь не вгасає. І там кожен вогнем посолиться (Марко 9:48-49). Більше того, в пеклі є озеро вогню і сірки, яке в сім разів гарячіше, ніж озеро вогню (Одкровення 20:10, 15). Люди, яким не було відпущено гріхи мають вічно жити в озері невгасимого вогню або в озері палаючої сірки. Як жахливо і страшно жити там вічно (див. *Пекло*)!

Тому Ісус сказав в Євангелії від Марка 9:43: *"І коли твоя рука спокушає тебе, відітни її. Краще тобі ввійти в життя калікою, ніж з двома руками піти у пекло, у вогонь невгасимий."*

Чому ж люблячий Бог стоворив жахливе пекло і прекрасне небо? Якщо б злим людям можна було б ввійти туди, де живуть любимі Богом люди, це було б боляче добрим людям, і небеса були б опоганені злом. Коротко кажучи, Бог сотворив пекло тому, що Він любить людей і хоче дати Своїм дітям тільки найкраще.

Суд Великого Білого престолу

Так само як фермер рік за роком сіє зерно і збирає урожай, Бог культивував людський дух з часу, коли Адам був вигнаний з Едему, і Він буде це робити поки Ісус знову не зійде на землю.

Бог дав Свій заповіт прабатькам віри: Ною, Аврааму, Мойсею, Іоанну Хрестителю, Петру і апостолу Павлу. Сьогодні, Він безупинно виховує людські душі за допомогою Своїх священників і служителів. Але так само як після початку настає кінець, так і культивування людських душ не буде тривати вічно.

В Другому соборному посланні св. апостола Петра 3:8 говориться: *"Нехай же одне це не буде заховане від вас, улюбленці, що в Господа один день немов тисяча років, а тисяча років немов один день!"* Так само як Бог відпочивав на сьомий день після шестиденного створення світу, прихід Ісуса і Нове тисячолітнє царство Христа, після шести тисяч років від непослуху Адама прийде період Відпочинку. Після цього, через суд Великого Білого престолу, Бог дозволить пшениці ввійти в Царство Небесне, а полову кине в пекельний вогонь.

Тому, я благаю в ім'я Господа Ісуса Христа повністю зрозуміти Божий задум і любов культивування людей, вести благословенне життя і прославляти Бога з палкою надією на Царство Небесне.

Розділ 3

Дерево пізнання добра і зла

- Адам і Єва в Едемському саду
- Адам добровільно не послухався Бога
- Смерть є відплатою за гріхи
- Чому Бог поставив дерево пізнання
  добра і зла в Едемському саду?

І взяв Господь Бог людину, і в едемському саду вмістив її, щоб порала його та доглядала. І наказав Господь Бог Адамові, кажучи: Із кожного дерева в Раю ти можеш їсти. Але з дерева пізнання добра й зла не їж від нього, бо в день їди твоєї від нього ти напевно помреш!

Буття 2:15-17

Ті, хто не знає великої любові Бога Творця і Його глибокого і абсолютного задуму для виховання Його справжніх дітей може запитати: "Чому Бог поставив дерево пізнання добра і зла в Едемському саду?" "Чому Він дозволив першій людині піти шляхом загибелі?" Вони вважають, що людина могла не померти і вічно б насолоджувалася щасливим життям в Раю, тільки якщо б Бог не поставив там те дерево.

Дехто з них навіть говорять таке: "Бог міг наперед не знати, що Адам з'їсть плід з дерева пізнання добра і зла". Вони це стверджують через те, що не вірять, що Господь є всезнаючим і всемогутнім. Він постави дерево в Едемському саду, не знаючи про майбутній непослух Адама? А чи Бог поставив там дерево навмисно і привів людину до шляху смерті? Звичайно що ні!

Тоді чому Бог поставив дерево пізнання добра і зла посеред Едемсього саду? Чому Адам не послухався Господа і пішов шляхом смерті?

Адам і Єва в Едемському саду

І створив Господь Бог людину з пороху земного. І дихання

життя вдихнув у ніздрі її, і стала людина живою душею (Буття 2:7). Жива душа це духовна істота, яка не володіє ніяким знанням відразу після свого створення. Візьмемо до прикладу новонароджену дитину. Вона не має ні мудрості, ні знання. Проте, дитина має запам'ятовуючу систему в своєму мозку, але вона ще нічого не бачила, не чула і не навчалася. Тому дитини може поводитися тільки інстинктивно.

Так само Адам не мав духовної мудрості чи знання коли його створили.

Адам отримав життєвий досвід від Бога

Бог насадив на сході Едему сад і там поселив Адама. Бог дав Адаму життєвий досвід і правду, коли вони одні гуляли в саду, для того, щоб Адам міг контролювати і управляти Едемом.

В Бутті 2:19 читаємо: *"І вчинив Господь Бог із землі всю польову звірину, і все птаство небесне, і до Адама привів, щоб побачити, як він їх кликатиме. А все, як покличе Адам до них, до живої душі воно ймення йому."* Адам був наділений життєвим досвідом, щоб всім керувати.

Також Бог вважав, що для Адама недобре бути самотнім. Тому Бог зробив так, щоб він міцно заснув і створив йому поміч, подібну до нього. І Він узяв одне з ребер його і плоттю закрив те місце. І перетворив Господь Бог те ребро, що взяв із Адама, на жінку, і привів її до Адама. І поєднав Бог чоловіка з жінкою його, і стали вони одним тілом (Буття 2:20-22).

Бог це зробив не тому, що Адам був самотнім, а тому що

сам Господь довго був самотній ще перед початком часів, і Він добре знав що це таке. З великої любові і ласки Бог створив Адаму помічницю і Він, знаючи все наперед, поблагословив чоловіка і жінку його, щоб вони плодилися, процвітали і наповнили землю.

Тривале життя Адама в Едемському саду

Тоді чи довго жили Адам і жінка його Єва в Едемському саду? Біблія детально не висвітлює це питання, але слід знати, що вони там жили набагато довше, ніж думає більшість людей.

Біблія тільки в кількох віршах подає пов'язні з цим факти. Таким чином, багато людей думають, що від поселення Адама в Едемському саду і до того періоду, коли він з'їв заборонений плід і впав в немилість пройшло мало часу. Дехто з них запитує: "Біблія стверджує, що історія людства налічує шість тисяч років, але як тоді можна пояснити багато викопних тварин, які датуються кількома сотнями тисяч років?"

Історія культивування людей відповідно до Біблії налічує близько 6,000 років, починаючи від часів, коли Адам і Єва були вигнані з Едему. Вона не включає тривалий період, коли вони жили в Едемському саду. З часом відбувалися великі геологічні та географічні зміни, наприклад на землі відбулися зрушення земної кори і декілька циклів розмноження та вимирання. В першому розділі розглядалося, що багато решток підтверджують цей факт.

Оскільки Бог благословив Адама і його жінку Єву в Бутті 1:28, перший чоловік Адам перед тим, як його прокляли, спілкувався з Богом, народив багато дітей і наповнив ними Едем. Як володар всього живого, Адам підкорив і керував як землю, так і Едемським садом.

Адам добровільно не послухався Бога

Бог дав Адаму і Єві свободу і дозволив їм насолоджуватися багатством і достатком Едемського саду. Все ж, Бог заборонив одне. Він наказав їм не їсти плодів з дерева пізнання добра і зла.

Якщо б Адам зрозумів глибоку любов Божу і щиро Його полюбив, він не з'їв би заборонений плід, тому що він знав Божий наказ. Проте, він не послухався саме цього наказу, бо він щиро не любив Бога.

Господь поставив дерево пізнання добра і зла в Едемському саду і встановив сторогий закон між Богом і людиною. Він дозволив людині виконувати його наказ на власний розсуд. Він це зробив тому, що хотів отримати справжніх дітей, які від всього свого серця будуть слухатися Його.

Адам зневажив Слово Боже

В Біблії Бог завжди обіцяє благословення тим, хто виконує Його накази і зважає на всі Його слова (Второзаконня 15:4-6, 28:1-14). Проте, хто все таки виконує всі Його накази? Навіть Біблія визнає, що на світі є лише кілька людей, хто може це робити.

Богу слід було навчити першу людину Адама, що він буде мати вічне життя і благословення, поки буде слухатися Господа, а коли не послухається отримає вічну смерть. Він застеріг його не їсти плодів з дерева пізнання добра і зла.

Проте, Адам і Єва не послухались наказу Божого і з'їли заборонений плід. З самого початку Сатана намагався зруйнувати намір Бога виховати справжніх духовних дітей. Нарешті, Сатана у вигляді змія, хитрішого від усіх диких звірів, спокусив їх з'їсти заборонений плід (Буття 3:1). Адам і Єва не послухалися наказу Божого. Як тоді Адам не послухався наказу Божого, хоча він був живим духом і знав тільки правду Божу?

В книзі Буття 2:15 ми бачимо, що Бог дозволив Адаму управляти і піклуватися про Едемський сад. Адам отримав від Бога силу і владу управляти і охороняти його. Бог поставив Адама охороняти сад, щоб диявол і Сатана не могли в нього ввірватися. Проте, Сатана керував змієм і через нього спокусив Адама і Єву. Тоді як таке могло статися?

Коротко кажучи, Сатана це злий дух, який має владу над земним царством. Сатана безформний. В Посланні до ефесян 2:2 Сатана описується як князь, що панує в повітрі, як дух, що панує тепер у неслухняних.

Через те, що Сатана подібний до радіо хвиль, що існують в повітрі, Він може контролювати змія в Едемському саду, щоб спокусити Адама і Єву. В книзі Буття 1 постійно повторяються окремі фрази. В кінці кожного дня створення світу, в Біблії повторюється: "Бог побачив, що добре воно." Але ця фраза не була сказана на другий день коли було створене небесне склепіння.

Знову в Посланні до ефесян 2:2 говориться про часи, *"в яких ви колись проживали за звичаєм віку цього, за волею князя, що панує в повітрі, духа, що працює тепер у неслухняних."* Бог знав наперед, що злі духи будуть панувати над земним царством.

Змій спокушає Єву

Змій є лише одним з польових звірів. Як він зміг спокусити Єву, щоб вона не послухалася наказу Божого?

В Едемському саду люди могли спілкуватися зі всіма живими істотами, такими як квіти, дерева, пташки, тварини. Єва могла також говорити зі змієм. Спочатку людина любила зміїв і ладила з ними, на відміну від теперішнього стану речей. Вони були такі гладенькі, чисті, довгі, круглі і мудрі, що Єва прихильно до них ставилася. Вони добре її знали і догоджали їй. Так само і собаки мають прихильність своїх власників, бо вони розумніші і слухняніші за інших тварин.

Проте, багато людей можуть сказати: "Змії жахливі, отруйні та огидні." Вони майже інстинктивно не люблять змій, тому що саме змії обманули першого чоловіка Адама і його жінку Єву, щоб ті не послухалися наказу і штовхнули їх на смертний шлях.

Для того, щоб зрозуміти природу змія, треба знати властивості первісного ґрунту. Кожна земля має різні складові і різні пропорції сумішей в ній. Відповідно до елементів, з яких складається ґрунт, він може бути багатим або ж бідним. Коли Бог створював різні види польових тварин, птахів небесних, Він вибрав кожен вид ґрунту, що був придатний для кожної тварини (Буття 2:19).

Спершу змій не був хитрим. Господь створив його достатньо мудрим, щоб його любили люди. Проте, змій став хитрим, після того, як піддався поганій натурі. Якщо б змій не сприйняв голос Сатани, а виконував тільки волю Божу, він би став мудрою і доброю твариною. Але через те, що він послухався і підкорився голосу Сатани, змій став хитрою твариною, яка спокусила Єву на смертний шлях.

Це Єва змінила Слово Боже

Змій знав, що Бог сказав Адаму: *"Із кожного дерева в Раю ти можеш їсти. Але з дерева знання добра й зла не їж від нього, бо в день їди твоєї від нього ти напевно помреш!"* (Буття 2:16-17). Тому змій сказав Єві хитро: *"Чи справді Бог наказав: 'Не їжте з усякого дерева раю'?"* (вірш 1)

Як Єва відповіла змію?

З плодів дерева раю ми можемо їсти, але з плодів дерева, що в середині раю, Бог сказав: Не їжте із нього, і не доторкайтесь до нього, щоб вам не померти (Буття 3:2-3).

Бог чітко попередив Адама: *"Але з дерева знання добра й зла не їж від нього, бо в день їжи твоєї від нього ти напевно помреш!"* (Буття 2:17). Він наголосив на тому, що вони помруть, коли скуштують плід того дерева. Проте, відповідь Єви не була такою чіткою. Вона тільки неясно відповіла: "Ви помрете." Вона пропустила слово "напевно." Іншими слова, вона мала на увазі: "Якщо ви з'їсте заборонений плід ви можете померти, а можете й ні."

Вона не пам'ятала наказ Божий і потроху почала піддавати сумніву Слово Боже. Після того, як змій почув її нечітку і невпевнену відповідь, він ще більше почав її спокушати. Він навіть перекрутив наказ Божий. Змій сказав жінці: "Ви напевно не помрете." Він почав змінювати наказ Божий і заохотив жінку: *"Бо відає Бог, що дня того, коли будете з нього ви їсти, ваші очі розкриються, і станете ви, немов Боги, знаючи добро й зло"* (Буття 3:5). Він спокушав її знову, розпалюючи її цікавість.

Єва добровільно не послухалася Бога

Після того, як Сатана вселив грішні бажання в невірні думки жінки, для неї змінилося значення дерева. В книзі Буття 3:6 читаємо: *"І побачила жінка, що дерево добре на їжу, і принадне для очей, і пожадане дерево, щоб набути знання. І взяла з його плоду, та й з'їла, і разом дала теж чоловікові своєму, і він з'їв."*

Вона мала б рішуче і повністю відкинути спокусу змія. Жадоба грішної людини, зваба для її очей і гордість охопили її і довели до гріху непокори.

Дехто каже: "Адам і Єва з'їли плід з дерева пізнання добра і зла через те, що вони мали грішну природу?" Перед тим, як вони не послухалися наказу Божого вони не мали грішної природи, а тільки добру. Вони мали тільки свободу вибору, відповідно до якої вони могли або не могли з'їсти заборонений плід наперекір наказу Божому.

З часом, вони почали нехтувати наказом Божим. Тоді Сатана спокусив їх через змія і вони піддалися спокусі. Таким чином, вони згрішили і порушили наказ, встановлений Богом.

Так само і діти піддаються злу. Навіть дитина, яка своїми словами і ділами є злою, не є недоброю від свого народження. Спочатку вона наслідує грубі слова чи лайку інших дітей, навіть не знаючи їх значення. Або вона може наслідувати іншого хлопця, який б'ється і отримувати насолоду б'ючи інших хлопців і дивлячись як вони плачуть. Тому він постійно б'є інших і зло зароджується і росте в ньому.

Так само Адам спочатку не мав грішної природи. Коли він не послухався наказу Господа і добровільно з'їв заборонений плід, тоді в ньому зародився гріх і зло оселилося в ньому.

Смерть є відплатою за гріхи

Як Бог сказав Адаму "Не їж плодів з дерева пізнання добра і зла. Коли ти з'їш з нього ти напевно помреш," так і Адам і Єва безперечно померли після того, як з'їли заборонений плід. В Соборному посланні св. апостола Якова 1:15 пише: *"Пожадливість потому, зачавши, народжує гріх, а зроблений гріх народжує смерть."*

В Посланні до римлян 6:23 говориться про закон духовного царства, яке досягається внаслідок скоєння гріха: *"Смерть є відплатою за гріхи."* Подивимось як смерть прийшла до Адама і Єви через їх непослух.

Смерть їх духу

Бог чітко сказав Адаму: "Але з дерева пізнання добра й зла не їж від нього, бо в день їди твоєї від нього ти напевно помреш!" Але вони не померли відразу після того, як не послухалися Божого наказу. Вони дуже довго жили і породили дуже багато дітей. Тоді що то була за смерть, про яку попереджав Бог?

Він не мав на увазі смерть їхніх тіл, а смерть їхнього духу. Люди мають дух, який може спілкуватися з Богом, душу, яка є слугою духа і тіло, в якому мешкають їх дух і їх душа. В Першому посланні до солунян 5:23 говориться, що люди складаються з духа, душі і тіла. Коли Адам і Єва не послухалися наказу Божого, їх дух, який керує людиною, помер.

Бог є бездоганним і Святим, який живе в недосяжному світлі, тому грішники не можуть бути з Ним. Адам міг спілкуватися з Богом, коли він був живим духом, але після того, як його дух помер внаслідок гріха, він вже більше не міг говорити з Господом.

Початок важкого життя

Едемський сад був дуже багатим і красивим місцем, де не було турбот і тривог, а Адам і Єва могли жити там вічно і їсти плоди дерева життя. Але після того, як вони згрішили, Адам і Єва були вигнані з райського саду. З того часу почалися їхні нещастя і труднощі.

Жінка в болі народжувала дітей. Вона почала вимагати від свого чоловіка, а він почав панувати над нею. Тільки після того, як людина тяжкою нестерпною працею обробила прокляту землю, вона могла їсти з неї всі дні свого життя (Буття 3:16-17).

Бог каже Адаму в книзі Буття 3:18-19: *"Тернину й осот вона буде родити тобі, і ти будеш їсти траву польову. У поті свого лиця ти їстимеш хліб, аж поки не вернешся в землю, бо з неї ти взятий. Бо ти порох, і до пороху вернешся."* В цих віршах Бог має на увазі, що людина повинна перетворитися в жменю пороху.

Через те, що Адам, прабатько всього людства, згрішив, не послухавшись наказу Божого, і дух його помер, всі його нащадки народжуються грішними і прямують смертним шляхом.

В Посланні до римлян 5:12 записана тривала спадщина Адамова: *"Тому то, як через одного чоловіка ввійшов до світу гріх, а гріхом смерть, так прийшла й смерть у всіх людей через те, що всі згрішили."*

Всі люди народжені з первородним гріхом

Бог дає людям можливість бути плодючими і розмножуватися через сім'я життя, яке Він дає їм, коли Він їх створює. Люди зачинають нове життя через процес злиття сперматозоїда і яйцеклітини, які Бог дає кожному чоловіку і жінці як сім'я життя. Через те, що сперматозоїд або яйцеклітина мають ознаки кожного з батьків, дитина, зачата злиттям сперматозоїда і яйцеклітини, подібна до своїх батьків зовнішньо, а також характером, смаками, звичками, улюбленими заняттями, ходьбою.

Таким чином, грішна природа Адама передалася всім його нащадкам, тому що Адам, прабатько всіх людей, згрішив. Це називають "первородним гріхом". Адамові нащадки народжені з первородним гріхом. Тому в будь-якому випадку всі люди грішники.

Деякі невіруючі скаржаться: "Чому і яким чином я грішник? Я не грішив." Або інші питають: "Чому гріх Адама передався мені?"

Подивимося на прикладі дитини. Мати має дитину, якій ще не виповнилося і року. Вона годує грудьми іншу дитину, при цьому її власна дитина це бачить. Дуже вірогідно, що її дитина засмутиться і спробує відштовхнути іншу дитину.

Якщо мати не припинить няньчити іншу дитину або та не припинить смоктати її груди, її власна дитина може штовхати або бити маму або іншу дитину. Якщо мати продовжуватиме давати іншій дитині молоко, її власна може розплакатися.

Хоча ніхто не вчив малу дитину бути ненависною, заздросною, жадібною чи битися, вона має ці погані речі в собі з дня свого народження. Це факт пояснює те, що люди народжуються з первородним гріхом, успадкованим від їхніх батьків.

Чи багато грішить кожна людина протягом всього свого життя? Треба розуміти, що не тільки грішні вчинки, а й кожна зла думка є гріхом перед Богом, який по своїй природі є світлом. Бог розуміє і спостерігає за злом, яке затаїлося в думках, наприклад почуття ненависті, жадібності, осуду.

Тому Біблія каже, що ніхто не виправдається перед Богом, дотримуючись закону, і всі люди позбавлені Божої слави через те, що згрішили (до Римлян 3, 20-23).

Не тільки людина, а й все навколо неї прокляте

Коли Адам, хто був володарем всього, згрішив і був проклятий, земля і вся худоба, всі польові тварини і небесні птахи були прокляті разом з ним. Відтоді з'явилися шкідливі та отруйні комахи, які переносять різні види хвороб, наприклад мухи чи москіти.

На землі почали рости колючки і будяки, і люди могли

вирощувати придатні для споживання рослини тільки через тяжку працю в поті лиця. Люди змушені були терпіти сльози, горе, біль, хвороби, смерть та інші неприємні речі, через те, що вони були прокляті на цій землі.

Тому в Посланні до римлян 8:20-22 читаємо: *"Бо створіння покорилось марноті не добровільно, але через того, хто скорив його, в надії, що й саме створіння визволиться від неволі тління на волю слави синів Божих. Бо знаємо, що все створіння разом стогне й разом мучиться аж досі."*

В такому разі виникає запитання як був проклятий змій? В книзі Буття 3:14 Бог сказав хитрому змію, який спокусив людей до гріха: *"За те, що зробив ти оце, то ти проклятіший над усією худобою, і над усією звіриною польовою! На своїм череві будеш плазувати, і порох ти істимеш всі дні свого життя."* Проте, змії не їдять прох, а їдять живих тварин таких як птахи, жаби, миші чи комахи. Але ж Бог чітко сказав: *"І порох ти істимеш у всі дні свойого життя."* Як же пояснити цей вірш?

Тут "порох" символізує "людину з пороху земного" (Буття 2:7), а "змій" позначає диявола і Сатану (Одкровення 20:2). Слова "порох ти істимеш у всі дні свойого життя" означають, що Сатана і диявол знищують людей, які не живуть за Словом Божим, а існують в темряві.

Навіть діти Божі стикаються з турботами і труднощами, які насилають Сатана і диявол, якщо вони творять зло і грішать проти волі Господньої. Сьогодні, Сатана і диявол ходять, ричучи, як лев, що шукає пожерти кого (1 Петра

5:8). Якщо вони когось знаходять, вони поневолюють його чи її під тягарем прокляття гріха, і збивають людину на шлях загибелі. Якщо це можливо, вони намагаються спокусити навіть дітей Божих.

Сатана і диявол спокушають тих, хто каже: "Я вірю в Бога", але не впевнені в Слові Божому, і тоді Сатана веде їх до смертного шляху. Зазвичай, Сатана і диявол намагаються спокусити вас через найближчих людей, таких як чоловік або дружина, друг і родичі, так само як вони спокусили Єву через змія, одного з її улюбленців.

До прикладу, ваш чоловік чи дружина або друг може запитати: "Чи тобі не досить відвідувати тільки недільне ранішнє богослужіння? Чи ти обов'язково маєш відвідувати недільне богослужіння також?" або "Чи ти завжди робиш все можливе для того, щоб йти на зібрання щодня?" Бог розуміє і знає навіть внутрішні глибинні почування твого серця через те, що Він всезнаючий і всемогутній. Чи ти обов'язково маєш молитися?"

Бог наказ вам пам'ятати день суботній, щоб святити його (Вихід 20:8), не покидати зібрання свого в ім'я Господнє (до Євреїв 10:25) і молитися до Бога (Єремія 33:3). Сатана не може ні спокусити, ні заставити згрішити тих, хто повністю живуть Словом Божим (Матвій 7:24-25).

Як сказано в Посланні до ефесян 6:11: *"Зодягніться в повну Божу зброю, щоб могли ви стати проти хитрощів диявольських"*, ви мусите озброїтися словом Правди Божої і сміливо вірою витіснити ворожого диявола і Сатану.

Чому Бог поставив дерево пізнання добра і зла в Едемському саду?

Бог поставив дерево пізнання добра і зла в Едемі не для того, щоб привести людей до загибелі, але щоб дати їм справжнє щастя. Не розуміючи Його великий задум, багато людей неправильно сприймають любов і суд Божий і навіть не вірять в Господа. Їхнє життя безрадісне і нецікаве, вони не можуть знайти справжню мету свого існування.

Чому тоді Бог поставив дерево пізнання добра і зла в Едемі і чому це приносить вам величезне благословення?

Адам і Єва не знали справжнього щастя

Едемський сад був таким прекрасним і багатим, що ви навіть не можете собі уявити. Бог створив всі види дерев, які росли на землі. Вони були принадними для ока і смачними для споживання. Серед раю росло дерево життя і дерево Пізнання добра і зла (Буття 2:9).

Чому тоді Бог поставив дерево пізнання добра і зла посеред Едему на видному місці разом з деревом життя? Бог ні в якому разі не хотів привести їх до шляху загибелі, спокусивши спробувати плід з дерева. За задумом Божим, ми мали зрозуміти відносність всього через дерево пізнання добра і зла, і стати Його справжніми духовними дітьми, які можуть відчути Його любов.

Коли зараз люди зазнають горя, сліз, бідності чи хвороб, вони можуть думати, що Адам і Єва мабуть були дуже щасливі в Едемському саду, тому що вони не знали ні горя, ні сліз, ні бідності, ні хвороб в цьому світі. Проте, люди в Едемі не знали ні справжнього щастя, ні справжньої любові через те, що вони не усвідомлювали відносність всього.

Подивимся на прикладі. Є два хлопчики. Один з них народився і виріс в бідності, а інший народився і жив в достатку. Якщо ви подаруєте кожному з них дуже дорогу іграшку, яку подяку ви отримаєте від кожного? З одного боку, хлопчик, який виріс в багатстві не буде вдячний, бо він не відчуває вартості іграшки. З другого боку, інший хлопчик, який виріс в бідності, буде дуже вдячний і ставитеметься до іграшки як до дуже цінної речі.

Справжнє щастя усвідомлюється через відчуття відносності

Так само, ті хто розуміють відносність свободи чи багатства, знають і мають справжнє щастя чи справжню свободу. В світі, на відміну від Едемського саду є багато відносних речей. Якщо ви хочете знати і усвідомлювати справжню цінність чогось, вам потрібно відчути відносність речей. Ви не зможете усвідомити їх справжню вартість повністю, поки не зрозумієте їх протилежної сторони.

До прикладу, якщо ви хочете бути справді щасливими, вам треба зазнати нещастя. Якщо ви хочете знати цінність справжньої любові, вам треба відчути ненависть. Ви не зможете повністю усвідомити цінність вашого здоров'я, поки не відчуєте біль через хворобу чи недугу. Ви не усвідомите цінність вічного життя і не будете вдячними Богу Отцю, хто готує небеса для вас, поки не зрозумієте, що безперечно існує смерть і пекло.

Перший чоловік Адам мав з їжі все, що він хотів, і мав владу керувати всім в Едемському саду. Він це все отримав без важкої праці в поті лиця. Через це, він не висловив вдячності Богу, який дав йому це все, і своїм серцем не усвідомив Його ласки і любові.

Пізніше, Адам не послухався наказу Божого, з'ївши заборонений плід. До того часу він був живим духом, але після того як він згрішив, його дух помер і він перетворився на плотську людину. Він і його жінка були вигнані з Едемського саду і почали жити на землі. Адам змушений був відчути те, чого ніколи не знав в Едемі: сльози, горе, хвороби, біль, нещастя, смерть. Нарешті, він зрозумів, що це все протилежне щастю в Едемському саду.

Таким чином, Адам і Єва могли зрозуміти і відчули яким було щастя чи нещастя і якою цінною була свобода і достаток, що Бог дав їм в Едемі.

Ваше життя буде безглуздим, якщо ви будете жити, незнаючи яким є щастя і нещастя. Навіть якщо зараз ви відчуваєте труднощі, ваше життя стане більш цінним і значимим, якщо ви зможете пізніше відчути справжнє щастя.

До прикладу, навіть якщо батьки знають, що їхні діти будуть відчувати труднощі в навчанні, вони все одно дають їх в школу. Якщо вони люблять своїх дітей, вони охоче допоможуть своїм дітям старанно вчитися, пізнавати добро. Так само і любов Бога Отця послала людей в цей світ і виховала їх як справжніх дітей Божих через різні випробування.

З тієї самої причини Бог поставив дерево пізнання добра і зла в Едемському саду і не перешкодив Адаму і Єві добровільно з'їсти його плід. Він так все запланував, що люди будуть відчувати в цьому світі радість, злість, горе і задоволення, і стануть Його справжніми дітьми через культивування людей.

Пройшовши тяжкі випробування, вони зрештою один за одним в глибині серця зможуть зрозуміти істинну цінність і значення цих речей.

Через те, що вони пізнали і відчули справжнє щастя через культивування людей, діти Божі не зрадять Господа знову, на відміну від Адама і Єви, незалежно від того скільки часу пройде. Натомість, вони любитимуть Його все більше і більше, наповняться радістю і подякою, і будуть віддавати хвалу Богу.

Справжнє щастя на небесах

Діти Божі, які пережили горе, сльози, болі, хвороби, смерть в цьому світі увійдуть в небеса і будуть насолоджуватися там вічним щастям, любов'ю, радістю і подякою. На небесах вони відчують радість абсолютного щастя.

В цьому плотському світі, все гниє і вмирає, але у вічному Царстві Небесному немає тління, смерті, сліз і горя. Золото в цьому світі цінится досить високо, але всі дороги в Новому

Єрусалимі на небесах зроблені з чистого золота. Будиники на небі побудовані з надзвичайно красивих і коштовних каменів. Які вони чудові і прекрасні!

До того, як я зустрів Господа, найціннишим я вважав золото чи коштовне каміння, але відтоді коли я дізнався про вічні небеса, я почав вважати все в цьому світі даремним і нічого не вартим. Життя в цьому світі це мить, порівнюючи з вічним царством. Якщо ви справді повірите і будете сподіватися на вічні небеса, ви ніколи не полюбите цей світ. Натомість, будете тільки думати про те, що ви повинні або можете зробити, щоб спасти ще одну людину або навернути в християнство якнайбільше людей. Ви будете збирати для себе винагороду на небесах, віддаючи все найкраще Господу від всього вашого серця, не стараючись створити для себе багатство на землі.

Апостол Павло міг би жити до кінця днів своїх з радістю і подякою, тому що він побачив третє небо, яке Бог показав йому у видінні. Проте він повинен був зносити величезні труднощі як апостол для невірних. Бог показав йому величезну красу небес і заохотив його йти своїм шляхом до кінця в надії на небеса. Його бичували і били камінням, жорстоко сікли, часто ув'язнювали і кров його проливалася, коли він проповідував історію життя Ісуса Христа. Незважаючи на це, Павло знав, що за все прийде величезна відплата на небесах. Зрештою, всі його труднощі були великим небесним благословенням.

Люди Божі не сподіваються на цей світ. Вони тільки прагнуть до Царства Небесного. На Божий погляд світ це мить, а життя в Царстві Небесному вічне. На небесах немає ні сліз, ні горя, ні страждань, ні смерті. Тому люди можуть жити щасливо, сподіваючись на те, що щедрий Бог дасть їм винагороду на небесах відповідно до діл їхніх.

Тому, я благаю в ім'я Господа нашого Ісуса Христа, щоб ви зрозуміли велику любов і задум Бога Творця і приготували себе до входу на небеса, для того, щоб мати життя вічне і справжнє щастя на надзвичайно красивих і чудових небесах.

Розділ 4

Таємниця, прихована перед віками

- Влада Адама передається дияволу
- Закон викупу землі
- Таємниця, прихована перед всіма віками
- Ісус відповідає умовам закону

А ми говоримо про мудрість між досконалими, але мудрість не віку цього, ані володарів цього віку, що гинуть, але ми говоримо про Божу мудрість у таємниці, приховану, яку Бог перед віками призначив нам на славу, яку ніхто з володарів цього віку не пізнав; коли б пізнали були, то не розп'яли б вони Господа слави!

1 до Коринтян 2:6-8

Змій спокусив Адама і Єву в Едемському саду. Вони не послухали наказу Божого і з'їли плід з дерева пізнання добра і зла, тому що прагнули духовно бути подібними до Бога. В результаті, вони і всі їхні нащадки стали грішниками.

З людської точки зору, Адам і Єва нещасні, бо вони були вигнані з Едемського саду і мусили йти смертним шляхом. Проте, якщо подивитися з точки зору духовного розвитку, то це дивовижне благословення Боже, тому що вони отримають шанс мати спасіння, вічне життя і небесне благословення через Ісуса Христа.

Через культивування людей, таємниця, яка була прихована для вашої слави перед віками була виявлена і шлях спасіння широко відкрився перед всіма народами. Давайте глибше зануримся в таємницю, яка була прихована перед всіма віками і зрозуміємо як відкрився шлях спасіння.

Влада Адама передається дияволу

В Євангелії від Луки 4:5-6 ми бачимо як диявол спокушає Ісуса, який тільки-но закінчив сорокаденний піст:

І він вивів Його на гору високу, і за хвилину часу

показав Йому всі царства на світі. І диявол сказав Йому: Я дам Тобі всю оцю владу та їхню славу, бо мені це передане, і я даю, кому хочу, її.

Диявол сказав, що він передасть владу Ісусу, тому що дияволу вона також була передана. Чому Бог, який править усім, дозволяє, щоб влада була передана дияволу?

В книзі Буття 1:28 говориться: *"І поблагословив їх Бог, і сказав Бог до них: Плодіться й розмножуйтеся, і наповнюйте землю, оволодійте нею, і пануйте над морськими рибами, і над птаством небесним, і над кожним плазуючим живим на землі!"*

Адам отримав владу і силу від Бога керувати і правити всім. Він був володарем всього, але зрештою його і його жінку обманув хитрий змій і вони з'їли плід з дерева пізнання добра і зла. Він згрішив, не послухавшись Бога.

В Посланні до римлян 6:16 читаємо: *"Хіба не знаєте, що ви слуги того, кому віддаєте себе за слуг на послух, кого слухаєтеся: чи то гріха — на смерть, чи то послуху — на праведність?"* Ви є рабами гріха або праведності. Якщо ви грішите, то ви є рабами гріха і прийдете до смерті. Якщо ви слухаєтеся слова праведності, ви є рабами праведності і потрапите на небеса.

Адам згрішив, не послухавшись Бога, і став рабом гріха. Тому він більше не міг мати всієї влади і сили, яку Бог йому дав. Він повинен був передати владу і силу дияволу, оскільки вся власність раба звичайно належить його господарю. Одним словом, Адам передав свою владу і силу, дану йому

Богом, дияволу, через те, що він згрішив і став рабом гріха.

Непослух Адама виявився в гріхах всіх людей. Це спричинило те, що він і всі його нащадки служать дияволу і приречені на загибель.

Закон викупу землі

Що люди мають зробити, щоб визволитися від диявола і Сатани і врятуватися від гріхів і смерті? Дехто каже: "Бог безумовно всіх прощає, бо Бог є любов. Він багатий на співчуття і милосердя." Проте, в Першому посланні до коринтян 14:40 говориться: *"Але все нехай буде добропристойно і статечно!"* Бог все робить статечно відповідно до закону духовного царства. Бог нічого не робить, що б суперечило духовному закону, тому що Він є Богом справедливості і чесності.

В духовному царстві є закон карати грішників, який говорить: "Смерть є відплатою за гріхи." Також є закон спасіння грішників. Цей духовний закон має бути використаний для того, щоб відновити владу Адама, яку він передав дияволу.

Тоді, в чому полягає закон спасіння грішників? В Старому Заповіті записаний закон викупу землі. Перед віками, Бог Отець відповідно до цього закону таємно підготував шлях людського спасіння.

Що таке закон викупу землі?

В книзі Левит 25:23-25 Бог наказує ізраїльтянам:

А земля не буде продаватися назавжди, бо Моя та земля, бо ви приходьки та осілі в Мене. А ви в усій землі вашої посілости дозволяйте викуп землі. Коли збідніє твій брат, і продасть із своєї посілости, то прийде викупник його, близький йому, і викупить продаж брата свого.

Кожен клаптик землі належить Богові і не повинен продаватися назавжди. Якщо хтось продає свою землю через бідність, Бог дозволяє його чи її найближчому родичу викупити землю. Це закон викупу землі.

Ізраїльтяни склали договір про право користування землею у відповідності з законом викупу землі для того, щоб не продавати землю назавжди.

Продавець і покупець записують в свідоцтві про право користування землею детальний зміст договору про землеволодіння, тому продавець чи його найближчий родич може викупити землю пізніше. Вони роблять його копію і обоє ставлять печатки на двох контрактах навпроти місця, де записано два або три свідки. Один контракт скріплюють печаткою і зберігають в особливому місці святого храму. Інший контракт зберігається в передпокої, відкритий і розпечатаний. Закон викупу землі дозволяє продавцю і його найближчому родичу в будь-який момент викупити землю.

Закон викупу землі і людське спасіння

Чому Бог приготував шлях людського спасіння у відповідності до закону викупу землі? Книга Буття 3:19 і 23 зрозуміло каже нам, що закон викупу землі має прямий зв'язок із спасінням людства:

У поті свого лиця ти їстимеш хліб, аж поки не вернешся в землю, бо з неї ти взятий. Бо ти порох, і до пороху вернешся (Буття 3:19).

І вислав його ГОСПОДЬ Бог із едемського раю, щоб порати землю, з якої узятий він був (Буття 3:23).

Бог сказав Адаму після його непослуху: "Бо ти порох, і до пороху вернешся." Тут "порох" символізує людей, які були створені з пороху. Тому то люди повертаються до пороху після смерті.

Закон викупу землі говорить, що всі землі є Господніми і не будуть продаватися назавжди (Левит 25:23-25). Він також вказує на те, що ніяка влада і сила, яку Адам отримав від Бога в Едемському саду не може передатися назавжди, тому що вона належить Господові.

Влада Адама була передана ворожому дияволу і Сатані, але той, хто має змогу викупити втрачену владу Адама також може повернути її від ворожого диявола. Більше того, справедливий Бог відповідно до закону викупу землі визначив ідеального визволителя. Цей визволитель є Спасителем всіх людей.

Таємниця, прихована перед всіма віками

Перед всіма віками люблячий Бог знав, що Адам не послухається Його і всі його нащадки ступлять на смертний шлях. Він таємно приготував шлях людського спасіння і приховав його поки не прийшов час Його вибору.

Якщо б диявол знав про шлях Божий, щоб не втратити своєї влади, він би перешкодив Господу відпускати гріхи і врятувати від смерті всіх людей. В Першому посланні до коринтян 2:7 зазначено: *"Але ми говоримо Божу мудрість у таємниці, приховану, яку Бог перед віками призначив нам на славу."*

Ісус Христос, мудрість Божа

В Посланні до римлян 5:18-19 сказано: *"Ось тому, як через переступ одного на всіх людей прийшов осуд, так і через праведність Одного прийшло виправдання для життя на всіх людей. Бо як через непослух одного чоловіка багато-хто стали грішними, так і через послух Одного багато-хто стануть праведними."*

Всі люди стануть праведними і будуть врятовані через праведність Одного, так само як всі люди стали грішниками і пішли смертним шляхом через непослух одного.

Тому, Бог таємно послав Ісуса Христа, якого Він приговува як шлях спасіння, і дозволив, щоб Ісус був розіп'ятий і воскрес із мертвих. Від того часу і надалі той, хто вірить в Нього є врятованим. В Першому посланні до коринтян 1:18 Бог говорить нам: *"Бо ж слово про хреста тим, що гинуть, то глупота, а для нас, що спасаємось, Сила Божа!"*

Для деяких людей здається безглуздим те, що Сина Всемогутнього Бога ображали і вбили Його ж створіння. Проте цей "безглуздий" задум Господній набагато мудріший за найрозумніші людські плани, а Божа "слабкість" набагато сильніша за найбільшу силу людську (1 до Коринтян 1:19-24). Біблія чітко говорить, що за Божим планом ніхто ніколи не зможе виправитися, дотримуючись закону. Проте, Бог відкрив шлях спасіння кожному, хто так легко і беззаперечно вірить в Ісуса Христа.

Смерть є відплатою за гріхи. Проте, ніхто не міг бути врятованим, якщо б Ісус не помер за наші гріхи. Ісус був розіп'ятий за наші гріхи і воскрес за допомогою сил Господніх. Подібно, Бог приготував шлях, який може здатися слабким чи безглуздим, і на довгий час приховав його. Бог тримав Ісуса Христа і Його розп'яття в таємниці, тому що якщо б диявол і Сатана знали про них, вони б стали перешкодою на шляху людського спасіння. Диявол ніколи б не вбив Ісуса на хресті, якщо б він знав, що Бог приготував шлях спасіння через розп'яття, щоб відкупити всіх людей від гріхів, врятувати їх від смерті і повернути від диявола владу Адама.

Знову згадаймо Перше послання св. апостола Павла до коринтян 2:78: *"А ми говоримо про мудрість між досконалими, але мудрість не віку цього, ані володарів цього віку, що гинуть, але ми говоримо Божу мудрість у таємниці, приховану, яку Бог перед віками призначив нам на славу, яку ніхто з володарів цього віку не пізнав; коли б бо пізнали були, то не розп'яли б вони Господа слави!"*

Ісус відповідає умовам закону

Оскільки кожен договір має свої норми, так і духовне царство також має правило, яке говорить, що спаситель повинен мати силу, щоб повернути від диявола втрачену владу Адама відповідно до закону викупу землі.

До прикладу, уявімо собі чоловіка, який в бізнесі потерпів банкрутство. Він має великий борг, але не може його виплатити. Якщо він має багатого брата, який його любить, його брат негайно погасить всі його борги.

Всі люди, які є грішниками від часу падіння Адама, потребують спасителя, який має владу очистити їх від гріхів. Яким же має бути спаситель? Чому Біблія каже, що тільки Ісус має таку владу?

Перше, Спаситель повинен бути людиною

В книзі Левит 25:25 говориться: *"Коли збідніє твій брат, і продасть із своєї посілости, то прийде викупник його, близький йому, і викупить продаж брата свого."* Закон викупу землі говорить, що якщо людина стає бідною і продає свою власність, то її найближчий родич може викупити те, що вона продала.

В Першому посланні до коринтян 15:21-22 читаємо: *"Смерть бо через людину, і через Людину воскресення мертвих. Оскільки в Адамі вмирають усі, так само в Христі всі оживуть."* Перша ознака Спасителя, який може повернути владу Адама це те, він повинен бути людиною. Це факт це раз детально описаний в Одкровенні св. Івана Богослова 5:1-5:

І я бачив в правиці Того, Хто сидить на престолі, книгу, написану всередині й назовні, і запечатану сімома печатками. І бачив я потужного Ангола, який гучним голосом кликав: Хто гідний розгорнути книгу, і зламати печатки її? І не міг ніхто ні на небі, ні на землі, ані під землею розгорнути книги, ані навіть зазирнути в неї. І плакав я гірко, що не знайшовся ані один гідний розгорнути й прочитати книгу, ані навіть зазирнути в неї. А один із старців промовив до мене: Не плач! Ось Лев, що з племені Юдиного, корень Давидів, переміг так, що може розгорнути книгу, і зламати сім печаток її.

"Книга, написана всередині й назовні, і запечатана сімома печатками" позначає угоду, укладену між Богом і дияволом, коли Адам не послухався Бога і став грішником. Апостол Іван не міг знайти когось, хто був би достойний на небі чи на землі чи під землею зламати печатки і відкрити сувій.

Причиною цього було те, що ангели на небі не є людьми, всі люди на землі грішники, оскільки вони нащадки

Адамові, а під землею знаходяться тільки злі духи, які служать дияволу і мертві душі, які мають опинитися в пеклі.

В той час один із старців сказав Івану: "Не плач! Ось Лев, що з племени Юдиного, корінь Давидів, переміг так, що може розгорнути книгу, і зламати сім печаток її." Тут вислів "плем'я Давидове" позначає Ісуса, який народився як нащадок Царя Давида з племені Юдиного (Діяння 13:22-23). Тому Ісус відповідає першій умові закону викупу землі.

Дехто може сказати, що "Бог це Абсолют. Ісус звичайно є Богом, тому що Він Син Божий. Але Він не людина." Проте, згадайте Євангелія від св. Івана 1:1, в якому читаємо: *Слово було Бог"*, а в Євангелії від Івана 1:14 написано: *І Слово сталося тілом, і перебувало між нами."* Бог, який був Словом, став тілом і жив тут на землі серед нас.

Ісус первинно мав Божу суть і воплотися, і став подібним до людей. Він був Словом за своєю суттю і Сином Божим. Він мав ознаки людської і божественої природи. Проте, Він народився і виріс в людській плотській подобі. Історія людства поділена на дві частини, і час народження Ісуса виступає часом поділу: B.C. (з анг. *Before Christ*), що значить до нашої ери і A.D. (з лат. *Anno Domini*), що означає від Різдва Христового. Сам цей факт засвідчує, що Ісус воплотився і спустився на землю. Народження Ісуса, Його виховання і розп'яття також є складовими цього очевидного факту.

Тому, Ісус є людиною і призначений бути нашим Спасителем.

Друге, Він повинен не бути нащадком Адама

Боржник не може виплатити борги інших людей. Той, хто не має боргів і має можливість допомогти іншим, може їх виплатити. Так само, спаситель всіх людей повинен бути бездоганним для того, щоб визволити всіх людей від гріхів і смерті. Всі люди є адамовими нащадками і грішниками, тому що перший прабатько всіх людей Адам згрішив. Ніхто з його нащадків не може стати спасителем всіх людей через те, що вони самі є грішниками. Навіть одна з найвизначніших людей в історії не може відповідати за гріхи інших.

Чи Ісус має таке право?

В Євангелії від Матвія 1:18-21 описується народження Ісуса. Він був зачатий від Святого Духа, а не через злиття чоловіка і жінки. У вірші пише:

Народження ж Ісуса Христа сталося так. Коли Його матір Марію було заручено з Йосипом, то перш, ніж зійшлися вони, виявилося, що вона має в утробі від Духа Святого. А Йосип, муж її, бувши праведний, і не бажавши ославити її, хотів тайкома відпустити її. Коли ж він те подумав, ось з'явивсь йому Ангел Господній у сні, промовляючи: Йосипе, сину Давидів, не бійся прийняти Марію, дружину свою, бо зачате в ній то від Духа Святого. І вона народить Сина, ти ж даси Йому ймення Ісус, бо спасе Він людей Своїх від їхніх гріхів.

Відповідно до генеології Ісус був нащадком Давида (Матвій 1; Лука 3:23-37). Проте, Він був зачатий від Святого Духа перед тим, як Марія зійшлася з Йосипом. Тому, Він не мав грішної природи.

Кожен народжується з первородним гріхом, тому що він успадковує гріховну природу від своїх батьків. Іншими словами, після того, як Адам згрішив, він передав свою гріховну природу всім своїм нащадкам. Всі люди до сьогодні успадкували гріховну природу, і цей гріх називається "первородним гріхом." Через це нащадки Адамові є грішниками і не можуть врятувати будь-яку іншу людину.

Таким чином, Бог Отець задумав, щоб Його Син Ісус був зачатий від Святого Духа в лоні Діви Марії. Так Ісус воплотився і прийшов у цей світ, проте не був нащадком Адама.

Третє, Він повинен мати силу подолати диявола

Знову в книзі Левит 25:26-27 говориться:

А чоловік, коли не буде йому викупника, а рука його стане спроможна, і знайде потрібне на викуп його, то нехай порахує роки від продажу, і поверне решту (належности) тому, кому продав, і повернеться до своєї посілости.

Отже, спаситель повинен мати силу, щоб викупти

продану землю. Бідна людина не може виплатити борг свого друга, навіть якщо вона прагне це зробити. Так само, спаситель повинен бути безгрішним, щоб мати змогу врятувати всіх людей від гріхів. Сильною стороною кожного в духовному царстві є безгрішність.

Спаситель повинен мати силу перемогти ворожого диявола і Сатану, і повернути втрачену владу Адама. Іншими словами, Спаситель повинен не мати ні первородного гріха, ні свого власного. Тільки безгрішний спаситель може перемогти диявола і визволити всіх людей від його влади.

Чи був Ісус безгрішним?

Ісус не мав первородного гріха, тому що Він був зачатий від Святого Духа. Він повністю виконував закон Божий, тому що виріс під контролем своїх батьків, які боялися Бога. Він виконував закон з любов'ю. На восьмий день після народження Він пройшов обряд обрізання (Лука 2:21). Він ніколи не грішив, а тільки слухався волі Бога Отця, поки Його не було розіп'ято у віці 33 років (1 Петра 7:22-24; до Євреїв 7:26).

Ісус міг перемогти диявола і врятувати всіх людей, бо Він взагалі не мав гріхів. Його "безгрішність" була підтверджена через велику кількість могутніх діянь. Він виганяв демонів, зціляв сліпих, глухих, кривих і виліковував будь-які незцілимі хвороби. Бурхливий шторм заспокоївся і несамовитий вітер зупинився, коли Він заборонив вітрові і до моря сказав: "Мовчи, перестань!" (Марко 4:39)

І останнє, Він повинен мати жертовну любов

Навіть багата людина не викупить землю, якщо вона не має любові до людини, яка її продала. Так само, спаситель повинен любити грішників так, щоб пожертвувати Себе, щоб раз і назавжди подолати гріхи.

В книзі Рут 4:1-6 описується, що Боаз добре знав про бідність Ноомі і сказав її найближчому родичу-рятівнику викупити її землю, якщо він хотів того. Проте, чоловік відмовився, кажучи Боазу: *"Не можу я викупити собі, щоб не понищити свого наділу. Викупи собі мого викупа, бо я не можу викупити"* (вірш 6). Він не викупив землю Ноомі і Рут хоча був достатньо багатим, щоб це зробити. Це сталося через те, що він не мав жертовної любові. В кінці кінців, Боаз, наступний найближчий родич-рятівник, викупив землю, тому що він мав жертовну любов.

Боаз став законним рятівником і одружився з Рут, тому що мав досить любові, щоб викупити землю Ноомі. Син Боаза і Рут був великим дідом Царя Давида і записаний в сімейній лінії Ісуса.

Ісус був розіп'ятий в ім'я любові. Ісус був Слово, але воплотився і прийшов на землю. Він не був нащадком Адама, тому що був зачатий від Святого Духа. Тому він народився без первородного гріха. Він мав силу, щоб спокутувати всі людські гріхи, тому що був безгрішним.

Проте, Він не міг би стати Спасителем без духовної і жертовної любові, навіть якщо б мав інші три ознаки. Ісус повинен був прийняти розплату за гріхи, які мали зносити грішники, щоб врятувати всіх людей.

До нього повинні були ставится як до найсерйознішого та найнебезпечнішого злочинця і Його мали розіп'яти на важкому дерев'янову хресті. Для спасіння людства Його мали ображати і насміхатися над Ним, і проливати всю Його кров і піт. Він мав заплатити високу ціну і принести велику жертву.

Ніде в людській історії не було випадку, коли бездоганний принц помер від рук своїх злих і безумних людей. Ісус – один єдиний Син Всемогутнього Бога, Цар над царями, Пан над Панами, і Господар всіх створінь. Такий величний, славний і безневинний Ісус був розіп'ятий на хресті і помер, стікаючи кров'ю. Як безмежно Він нас любить?

Справді, протягом Свого життя Ісус чинив тільки добро. Він відпускав гріхи, зціляв хворих людей, звільнив багатьох людей від демонів, приносив добрі звістки миру, радості і любові, і дав людям щиру надію на небеса і спасіння. Більше того, Він віддав своє власне життя за грішників.

В Посланні до римлян 5:7-8 читаємо: *"Бо навряд чи помре хто за праведника, ще бо за доброго може хто й відважиться вмерти. А Бог доводить Свою любов до нас тим, що Христос помер за нас, коли ми були ще грішниками."* Бог Отець послав Свого єдиного Сина Ісуса по нас, неправедних і недобрих, і дозволив Йому бути розіп'ятим на хресті і померти на ньому. Таким чином Він довів Свою величезну любов.

Тому, я прошу в ім'я Господа, щоб ви зрозуміли, що можете бути врятовані тільки в ім'я Ісуса Христа. Я молюся, щоб ви здобули право стати дитиною Божою, прийнявши Ісуса Христа, і завжди радісно жили, впевнені в своєму спасінні!

Розділ 5

Чому Ісус наш єдиний Спаситель?

- Задум спасіння через Ісуса Христа
- Чому Ісус був розіп'ятий
  на дерев'яному хресті?
- Ніяке інше ім'я в світі лише
  "Ісус Христос"

Він камінь, що ви, будівничі, відкинули, але каменем став Він наріжним! І нема ні в кому іншому спасіння, бо й імені немає іншого під небом, що було дане людям, яким ми маємо спастися.

Діяння 4:11-12

Ви полюбите Бога всім своїм серцем, коли усвідомите Його глибокий і дбайливий задум культивування людей. Більше того, вас здивує вся глибина Його любові і мудрості, коли ви усвідомите задум спасіння через Ісуса Христа.

В такому випадку, як задум спасіння, який був прихований перед віками, сповнився через Ісуса Христа? Я вам говорив раніше, що справедливий Бог приготував того, хто мав владу врятувати всіх людей, відповідно до духовного закону, і що ніхто крім Ісуса на землі, не має ознак Спасителя.

Ісус єдиний, хто був людиною, але не нащадком Адама, бо Він був зачатий від Святого Духа і прийшов на землю в людській подобі. До того ж, мав владу і любов врятувати всіх людей. Тому Він міг відкрити шлях спасіння всім людям через Своє розп'яття.

Тому в Діянні святих апостолів 4:12 сказано: *"І нема ні в кому іншому спасіння, бо й імені немає іншого під небом, що було дане людям, яким ми маємо спастися."* Хто приймає і вірить в Ісуса Христа, тому будуть прощені всі гріхи його і він буде врятований. Він з темряви вийде на світло і отримає владу і благословення дитини Божої.

Тепер я поясню чому маємо вірити в Ісуса, який був розп'ятий, щоб ви були врятовані і отримали владу і благословення дитини Божої.

Задум спасіння через Ісуса Христа

Бог приготував шлях спасіння ще перед віками. Книга Буття пророчила прихід Христа і таємницю людського спасіння через розп'яття.

В книзі Буття 3:14-15 читаємо:

> *І до змія сказав ГОСПОДЬ Бог: За те, що зробив ти оце, то ти проклятіший над усю худобу, і над усю звірину польову! На своїм череві будеш плазувати, і порох ти їстимеш у всі дні свого життя. І Я покладу ворожнечу між тобою й між жінкою, між насінням твоїм і насінням її. Воно зітре тобі голову, а ти будеш жалити його в п'яту.*

Як вже зазначалося вище, "змій" має духовне значення ворожого диявола, а "їсти порох" символізує те, що він буде панувати над людьми, які були створені з пороху земного. Також "жінка" означає "Ізраїль", а "посланець жінки" то Ісус. Фраза "Ти [змій] будеш жалити його в п'яту" символізує те, що Ісус буде розп'ятий, а вираз "він [посланець жінки] зітре тобі [змію] голову" значить, що Ісус, воскресши з мертвих, повалить пристанок диявола і Сатани.

Сатана не зміг зрозуміти задуму Божого

Бог приховав цей задум спасіння в таємниці, тому диявол

і Сатана не зміг дізнатися про нього і зрозуміти Його мудрість.

Диявол і Сатана пробували вбити нащадків жінки перед тим, як його прокляли. Він думав, що вічно зможе утримувати владу, передану Адамом, який не послухався наказу Божого. Проте, диявол і Сатана не знав хто був нащадком жінки. Тому він намагався ще з часів Старого заповіту вбити пророків, на яких перебувала любов Божа.

Коли народився Мойсей, диявол і Сатана змусив фараона, царя Єгипту, вбити кожного єврейського новонародженого хлопчика (Вихід 1:15-22).

Проте, Бог вже знав задум Сатани. Ангел Господній з'явився Йосипу у сні і сказав йому піти до Єгипту з дитям і матір'ю його. Бог дозволив сім'ї жити там поки не помер цар Ірод.

Ісуса розіп'яли з Божої волі

Ісус виріс під захистом Божим і почав Своє проповідництво з 30-ти літнього віку. Він мандрував Галілеєю, навчаючи в синагогах, зцілюючи різні хвороби і недуги серед людей, піднімаючи з гробу мертвих і проповідуючи "благу вість" серед бідних (Матвій 4:23; 11:5).

Тим часом, диявол і Сатана замислив змусити первосвящеників, книжників і фарисеїв вбити Ісуса. Проте, як ви знаєте з Біблії, зла людина не могла навіть торкнутися Ісуса, тому що всі події Його життя відбувалися за задумом Божим.

Бог дозволив дияволу і Сатані розіп'ясти Ісуса тільки після трьох років Його проповідництва. Тому Ісус носив тернову корону і помер на хресті, страждаючи від величезної болі через те, що Його руки і ноги були прибиті цвяхами до хреста.

Розп'яття це найжорстокіший вид страти. Диявол був надзвичайно задоволений, коли він так жорстоко вбив Ісуса. Сатана співав пісню перемоги, тому що думав, що буде надалі правити світом, оскільки не буде нікого, хто б міг повалити його правління. Проте, існував таємний задум Божий.

Диявол і Сатана порушив духовний закон

Бог не використовує Свою абсолютну верховну владу проти закону, тому що Він є справедливим. Він приготував шлях спасіння через духовний закон перед віками, тому що Він все здійснює через духовний закон.

Оскільки відповідно до духовного закону, відплатою за гріхи є смерть (до Римлян 6:23), ніхто не маючи гріхів не помре. Проте, диявол і Сатана розіп'яв Ісуса, який був безгрішний і бездоганний (1 Петра 2:22-23). Але зробивши це, диявол порушив духовний закон і був обманутий своїми власними хитрощами. Він став знаряддям для людського спасіння, яке було задумане Богом. Нащадок жінки стер йому глову, як було передбачено в книзі Буття.

Звичайно, змій все ще може чинити опір, коли ви стаєте йому на хвіст або перерізаєте його, але він вже не пручається, коли ви міцно тримаєте його голову. Тому, фраза *"І Я покладу ворожнечу між тобою й між жінкою, між насінням твоїм і насінням її. Воно зітре тобі голову, а ти будеш жалити його в п'яту"* в духовному плані означає, що Сатана втратить свою силу і владу через Ісуса Христа. Змій, який жалить в п'яту нащадка жінки, духовно означає, що Сатана розіпне Ісуса і це виповнилося як було передбачено в книзі Буття 3:15.

Спасіння через розп'яття Ісуса

Шлях спасіння, прихований Богом перед віками відкрився, коли Ісус на третій день по Його розп'ятті воскрес із мертвих.

Близько 6, 000 років тому Адам був змушений передати свою владу, дану йому Богом, дияволу, оскільки через свій непослух він порушив закон духовного царства (Лука 4:6). Проте, після 4, 000 років не дотримавшись духовного закону, Сатана мав піти шляхом загибелі.

Тому, диявол повинен був звільнити тих, хто прийняв Ісуса як Спасителя і вірив в Його ім'я, і вони мали отримати право називатися дітьми Божими. Чи диявол розіп'яв би Христа, якщо б він знав мудрість Божу? Звичайно що ні! В Першому посланні до коринтян 2:8 нагадується, що *"Таємницю, яку ніхто з володарів цього віку не пізнав; коли б бо пізнали були, то не розп'яли б вони Господа слави!"*

Хто не розуміє цього сьогодні часто запитують: "Чому Всемогутній Бог не захистив Свого Сина від смерті? Чому

Бог дав Йому померти на хресті?" Проте, якщо ви до кінця зрозумієте задум хреста, ви будете знати чому Ісус мав бути розіп'ятий і як Він може стати Царем над царями і Паном над Панами після Його тріумфальної перемоги над ворожим дияволом. Таким чином, хто вірить в Ісуса Спасителя, який помер на хресті і через три дні воскрес, щоб спокутувати всі гріхи людські, може називатися праведним і може бути врятований.

Чому Ісус був розіп'ятий на дерев'яному хресті?

Чому тоді Ісус був розп'ятий на дерев'яному хресті? Чому це був саме дерев'яний хрест? Ісус помер на дерев'яному хресті, а не якось інакше. Відповідно до Послання до галатів 3:13-14 існує три духовні причини розп'яття Ісуса саме на дерев'яному хресті.

Перше, Ісус звільнив нас від прокляття закону

В Посланні до галатів 3:13 читаємо: *"Христос відкупив нас від прокляття Закону, ставши прокляттям за нас, бо написано: Проклятий усякий, хто висить на дереві."* Це пояснює той факт, що Ісус відкупив нас від прокляття закону через розп'яття на дерев'яному хресті.

Всі люди були прокляті і тому приречені йти смертним шляхом через непослух першої людини як написано в

Посланні до римлян 6:23: *"Смерть є відплатою за гріхи."* Проте, Бог віддав Свого Сина Ісуса задля людей і дозволив, щоб Його повісили на дерев'яному хресті, щоб звільнити їх від прокляття закону (Второзаконня 21:23). Більше того, Ісус пролив Свою безцінну кров на хресті. Зверніть увагу на вірші 11 і 14 з книги Левит 17:

В крові — життя тіла, і я вам дозволив уживати її на жертовнику в покуту за ваші душі, кров бо чинить покуту, оскільки в ній життя. (вірш 11).

Бо життя кожного тіла — це кров його… (вірш 14).

Автор книги Левит пише, що життя це кров, тому що кожній істоті для життя потрібна кров, без якої вона помре.

Проте, коли хтось помирає його тіло пертворюється в попіл, а душа його йде або до неба або до пекла. Для того, щоб отримати вічне життя, вам треба спокутувати всі ваші гріхи. Щоб спокутувати всі провини, має пролитися кров, як записано в Посланні до євреїв 9:22: *"І майже все за Законом кров'ю очищується, а без пролиття крові не має відпущення."* Через це люди в часи Старого Заповіту проливали корв тварин, кожного разу коли вони грішили. Проте, Ісус пролив Свою дорогоцінну кров, щоб раз і назавжди люди були прощені і отримали вічне життя, бо Він Сам не мав ні первородного гріха, ані згрішив з власної волі. Так само, ви можете отримати вічне життя через безцінну кров Христову. Тобто, Ісус помер за вас і відкрив для вас шлях, щоб ви стали дитиною Божою.

Друге, дати благословення Авраама

Перша частина Послання св. апостола Павла до галатів 3:14 говорить: *"Щоб Авраамове благословення в Ісусі Христі поширилося на поган."* Це означає, що Бог посилає благословення, дане Аврааму, не тільки на ізраїльтян, а й на всіх поган, які стали праведними, прийнивши Ісуса як свого Спасителя.

Авраама назвали "батьком віри" і "Божим другом", він мав благословенних дітей, прожив довге життя в достатку і здоров'ї. Причина того, що Авраам був щедро благословенний описана в книзі Буття 22:15-18:

А Ангел ГОСПОДНІЙ із неба озвався до Авраама вдруге, і сказав: Клянуся Собою, це слово ГОСПОДНЄ, тому, що вчинив ти цю річ, і не пожалів сина свого, одинака свого, то благословляючи, Я поблагословлю тебе, і розмножуючи, розмножу потомство твоє, немов зорі на небі, і немов той пісок, що на березі моря. І потомство твоє успадкує брами твоїх ворогів. І всі народи землі будуть потомством твоїм благословляти себе через те, що послухався ти Мого голосу.

Авраам послухався, коли Бог сказав йому: *"Вийди із землі твоєї, з твоєї рідні, і з дому батька твого в край, що Я тобі його покажу."* (Буття 12:1). Він також без жодного заперечення чи незадоволення підкорився, коли Бог наказав: *"Візьми свого сина, свого одинака, що його полюбив ти, Ісака, та й піди собі до краю Морія, та й принеси його там у всепалення на одній з гір, що її я тобі вкажу"* (Буття 22:2). Авраам міг таке зробити тому що він врозумів, що Бог має силу воскрешати з мертвих (до Євреїв 11:19). Оскільки він мав таку непохитну віру Авраам був благословенним і став батьком віри.

Тому, діти Божі, які приймають Ісуса як свого Спасителя повинні мати таку віру, яку мав Авраам. Тоді ви зможете восхваляти Бога, отримуючи всі блага земні.

Третє, дати обітницю духа

В другій частині Послання св. апостола Павла до галатів 3:14 читаємо: *"Щоб обітницю Духа прийняти нам вірою."* Це означає, що кожен, хто вірить, що Ісус помер на дерев'яному хресті задля всіх людей, звільнений від прокляття закону і отримує обіцянку Святого Духа. До того ж, хто приймає Ісуса як Спасителя отримує як дарунок владу стати дитиною Божою і свідчення Духа Святого (Іван 1:12; до Римлян 8:16).

Коли ви отримаєте Святого Духа ви зможете називати Бога "Авва, Отче" (до Римлян 8:15), імена ваші будуть записані на небі (Лука 10:20) і ви будете мати життя на небесах (до Филип'ян 3:20). Це тому, що Святий Дух, який є суттю і силою Божою, веде вас до вічного життя, допомагаючи зрозуміти Слово Боже і жити з вірою у відповідності до Його слова.

Проте, ви будете врятовані тоді, коли не тільки визнаєте Ісуса як свого Спасителя, але й серцем повірите в те, що Він зламав владу смерті і воскрес. В Посланні до римлян 10:9 говориться про це: *"Бо коли ти устами своїми визнаватимеш Ісуса за Господа, і будеш вірувати своїм серцем, що Бог воскресив Його з мертвих, то спасешся."*

Перед віками, Бог визначив великий задум об'єднати з Богом тих, хто повірить в Христа як Спасителя, і вести їх до спасіння. Цей задум дуже чудовий і загадковий. Люди повинні були йти смертним шляхом через гріх першої людини відповідно до закону духовного царства, який стверджує що "Смерть є відплатою за гріхи." Проте, вони могли б звільнитися від прокляття закону і вірою бути врятовані тим самим законом, через те що Сатана порушив закон духовного царства.

Люди повинні були страждати від болю, турбот і смерті, яку приніс диявол, коли вони стали рабами гріхів через непослух. Проте, кожен, хто приймає Ісуса як Спасителя і отримує Святого Духа може здобути спасіння, вічне життя, воскресіння і безмежне благословення.

Привілеї і блага, які мають діти Божі

Кожному, хто відкриває своє серце і приймає Ісуса

Христа, прощаються гріхи його, він отримує право стати дитиною Божою і в його серці панує мир і радість. Це можливо, тому що Ісус через розп'яття раз і назавжди забрав всі наші гріхи. Тому в Псалмі 103:12 говориться: *"Як далеко схід від заходу, так віддалив він від нас злочинства наші."* Також в Посланні до євреїв 10:16-18 читаємо: *"Ось той завіт, що його я по тих днях заключу з ними, каже Господь: вкладу мої закони в серця їхні, й на умах їхніх випишу їх. Ні їхніх гріхів, ні беззаконня більше не згадуватиму. А де їхнє відпущення, там нема вже жертвоприношення за гріхи."* Ніщо в світі не можна порівняти з привілеями дітей Божими, які вони отримали за свою віру. В цьому світі привілеї дітей царя чи призидента дуже вагомі. Які ж тоді величезні привілеї дітей Бога Творця, який править над усім світом, керує людською історією і всесвітом?

Коли ви лише стверджуєте: "Ісус є Спасителем", це не є справжньою вірою. Вам треба розуміти хто такий Ісус Христос, чому Він є єдиним Спасителем для вас і вірити відповідно до цього знання. Тоді, маючи таку велику віру, ви зможете усвідомити задум Божий, прихований в хресті і визнати: "Господь є Христос і Син Бога живого." Більше того, ви можете жити відповідно до волі Божої. Без цієї істинної віри дуже важко мати віру, яка йде від самого серця, і жити відповідно до слова Божого. Тому, як Ісус сказав в Євангелії від Матвія 7:21: *"Не кожен, хто каже до Мене: Господи, Господи! увійде в Царство Небесне, але той, хто виконує волю Мого Отця, що на небі."* Ісус чітко проголосив, що тільки люди, які звертаються до Ісуса

"Господи, Господи" і живуть відповідно до волі і слова Божого будуть врятовані.

Ніяке інше ім'я в світі лише "Ісус Христос"

В Діянні святих апостолів 4 змальовується сцена, в якій Перто та Іван сміливо засвідчують ім'я Ісуса Христа перед Синодом. Вони щиро вірили в те, що немає іншого імені лише "Ісус Христос", через яке людина може отримати спасіння, і Петро, наповнений Духом Святим, мав силу проголосити: *"І нема ні в кому іншому спасіння, бо й імені немає іншого під небом, що було дане людям, яким ми маємо спастися"* (Діяння 4:12).

Яке духовне значення має ім'я "Ісус Христос"? І чому Бог не дав нам іншого імені, але Ісус Христос, через яке ми маємо отримати спасіння?

Відмінність між іменами "Ісус" та "Ісус Христос"

Діяння святих апостолів 16:31 говорять нам: *"Віруй в Господа Ісуса, і будеш спасений ти сам та твій дім."* Існує важлива причина чому написано "Господь Ісус", а не просто "Ісус".

Тут "Ісус" позначає людину, яка врятує Свої діти від їх гріхів. Слово "Христос" має грецьке походження і на давньоєврейській означає "Месія", тобто "той, хто був помазаний" (Діяння 4:27) і відноситься до Спасителя, котрий є Посередником між Богом і людьми. Тому, "Ісус" це ім'я майбутнього спасителя, а "Христос" це ім'я Спасителя, який вже врятував людей.

В часи Старого Заповіту, Бог помазував людину, яка мала стати царем, чи священником чи пророком, лиючи олію на голову майбутнього помазаника (Левит 4:3; 1 Самуїл 10:1; 1 Царів 19:16). Олія символізує Святий Дух. Тому помазати когось означає дати Святого Духа людині, вибраній Богом.

Ісус був помазаний як Цар, Первосвященник і Пророк, і прийшов в цей світ воплотившись, щоб врятувати всіх людей відповідно до задуму Божого, який був визначений перед віками. Він був розіп'ятий, щоб врятувати нас і стати нашим Спасителем, воскресши на третій день. Таким чином, Він наш Спаситель, який виконав Божий задум спасіння. Тому Він Христос.

Ми говоримо "Ісус" перед Його розп'яттям. Проте, після розп'яття і воскресіння, до Нього звертаються "Ісус Христос", "Господь Ісус" або "Господь".

Треба розуміти, що існує велика відмінність у значенні імен "Ісус" та "Ісус Христос". Ісус це ім'я, яким Його називали до того, як Він виконав задум спасіння і диявол не так боїться цього імені. Проте, слова "Ісус Христос" містять в собі наступні три складові: кров, яка врятувала нас від наших гріхів; воскресіння, яке зламало владу смерті; і життя, яке є вічним. Проте, перед цим іменем диявол тремтить в страсі.

Багато людей не зважають на цей факт, тому що вони не розуміють цієї різниці. Проте, дійсно Боже рішення і відповідь буде різною залежно від імені, яке ви назвете (Діяння 3:6).

Коли ви молитеся Богу в ім'я нашого Господа Ісуса Христа і розумієте це, ви будете мати переможне життя, наповнене точними і повними відповідями від вашого Всемогутнього Бога.

Повна покірність Ісуса

Хоча Ісус за своєю природою був Богом, Він не вважав, що рівність з Богом це щось матеріальне, Він не хвалився Своїми Божими привілеями. Він не возвишував Себе над іншими, а став скромним рабом і об'явився в людському вигляді.

Добрий слуга не має власної волі. У своїй роботі він покладається на волю свого хазяїна, а не на свою. Обов'язком слуги є слухатися волі його хазяїна, навіть якщо вона суперечить його власній волі чи почуттям. Ісус слухався волі Божої як добрий слуга, і тому міг виконати Свою місію людського спасіння.

Бог возніс на найвище місце Ісуса, який підкорявся волі Божій, кажучи "Так" і "Амінь", і дозволив, щоб багато людей визнавали Його Господом.

Тому й Бог повищив Його, та дав Йому Ім'я, що вище над кожне ім'я, щоб перед Ісусовим Ім'ям вклонялося кожне коліно небесних, і земних, і підземних, і щоб кожен язик визнавав: Ісус Христос то Господь, на славу Бога Отця! (до Филип'ян 2:9-11).

Ім'я "Господь Ісус" засвідчує силу Божу

В Євангелії від Івана 1:3 говориться: *"Усе через Нього повстало, і ніщо, що повстало, не повстало без Нього."* Все в світі було створено через Ісуса, Він має владу правити над всіма як Творець. Коли Ісус Син Бога Творця наказував, неживі речі такі як бурхливий вітер і хвилі підкорялися Йому і заспокоїлися, і фігове дерево відразу зів'яло, коли Він його прокляв.

Ісус мав владу відпускати гріхи і рятувати грішників від кари за їхні гріхи. Так, Ісус сказав паралітику в Євангелії від Матвія 9:2: *"Будь бадьорий, сину! Прощаються тобі гріхи твої!"*, а у вірші 6 мовив: *"Але щоб ви знали, що прощати гріхи на землі має владу Син Людський. Тож каже Він розслабленому: Уставай, візьми ложе своє, та й іди у свій дім!"*

До того ж, Ісус мав силу зцілювати різні хвороби та немочі і воскрешати мертвих. В Євангелії від Івана 11 описується сцена, в якій мертвий Лазар вийшов з могили, а руки і ноги його були оббинтовані, коли Ісус покликав гучним голосом: "Лазарю, вийди сюди." Він лежав мертвий вже чотири дні і поганий дух ширився від нього, але він вийшов з могили як здорова людина.

Так само Ісус дає вам все, що ви попросите з вірою, тому що Він має надзвичайну силу Бога.

Ісус Христос, любов Божа

В Першому соборному посланні св. апостола Івана 4:10 сказано: *"Не в тому любов, що ми полюбили Бога, а що Він полюбив нас, і послав Свого Сина вблаганням за наші гріхи"*, таким чином Бог виявив свою дивовижну любов до нас. Коли ми всі все ще були грішниками, Він послав Свого єдиного Сина як жертву за спокутування гріхів. Бог зносив велику біль і відкрив шлях людському спасінню, коли Його Син Ісус був прибитий цвяхами до хреста і стікав кров'ю. Як люблячий Бог почувався, коли Він бачив, що Його єдиного Сина Ісуса розпинають на хресті? Бог не міг спостерігати, сидячи на Своєму троні. В Євангелії від Матвія 27:51-54 розповідається про те, як Бог страждав коли Ісуса розпинали.

І ось завіса у храмі роздерлась надвоє від верху аж додолу, і земля потряслася, і почали розпадатися скелі, і повідкривались гроби, і повставало багато тіл спочилих святих, а з гробів повиходивши, по Його воскресенні, до міста святого ввійшли, і багатьом з'явились. А сотник та ті, що Ісуса з ним стерегли, як землетруса побачили, і те, що там сталося, налякалися дуже й казали: Він був справді Син Божий!

Це яскраво показує, що Ісус був розіп'ятий не через Його власні гріхи, а через велику любов Божу і Його задум привести всіх людей до шляху спасіння. Проте, багато не прийняли чи не зрозуміли цю дивовижну любов Божу.

Після непослуху Адама, люди не могли бути з Богом і стали грішниками. Проте, Ісус прийшов на землю і став Посередником між Богом і нами, тому Він був названий Еммануель, що значить "З нами Бог", і Він міг благословляти всіх людей (Матвій 1:23). Через біль Ісуса і страждання на хресті ми здобули справжній мир і спочинок.

Тому, я сподіваюся ви зрозумієте величну любов Бога, який віддав нам Свого єдиного Сина, як викуп за визволення від наших гріхів і вічної смерті, а також жертовну любов Господа, який, навіть будучи безневинним, був розіп'ятий заради нас і відкрив нам шлях спасіння.

Розділ 6

Задум, втілений у Христі

- Народжений в яскині і положений в ясла
- Життя Ісуса в бідності
- Бичований і стікаючий кров'ю
- Він носив терновий вінець
- Одежа і хітон Ісуса
- Його руки і ноги прибили до хреста
- Ноги Ісуса не зламані, але Його бік проколений

Та він наші недуги взяв на себе, він ніс на собі наші болі. Ми ж, ми гадали, що його покарано, що Бог його побив, принизив. Він же був поранений за гріхи наші, роздавлений за беззаконня наші. Кара, що нас спасає, була на ньому, і його ранами ми вилікувані.

Ісаї 53:4-6

В Божому задумі отримання справжніх дітей найважливішою частиною було те, що Ісус воплотився і прийшов в цей світ, зазнав великих страждань і помер на хресті. Через це Він досягнув шляху спасіння людей.

Божий задум, втілений у Христі має глибоке духовне значення. Ісус, єдиний Син Божий, відмовився від небесної слави, народився в яслах на сіні і все своє життя жив в бідності.

До того ж, Його бичували, прибили цвяхами Його руки і ноги, надягнули тернову корону, бік Його пронизали списом, і Він стікав кров'ю і потом. Кожне страждання Ісуса було переповнене всеохоплюючою любов'ю Божою.

Коли ви в повній мірі зрозумієте духовне значення розп'яття і страждань Ісуса, ви напевно будете зворушені любов'ю Божою і ви здобудете справжню віру. Ви також зможете отримати вирішення всіх проблем у вашому житті, таких як бідність і хвороби, і ви здобудете вічне Царство Небесне.

Народжений в яскині і положений в ясла

Ісус, будучи по своїй природі Богом, був господарем всього на небі і на землі. І Його найбільше славили. Однак,

Він воплотився і прийшов в цей світ для того, щоб врятувати людей від гріхів і привести їх до спасіння.

Ісус є єдиним Сином Всемогутнього Бога Творця. Чому тоді Він не народився в якомусь розкішному місці, аби принаймі в затишній кімнаті? Чи не міг Бог зробити так, щоб Він народився в багатому місці? Чому ж Ісус народився в яскині і Його положили в ясла?

Це має дуже глибоке духовне значення. Вам слід знати, що духовно Ісус народився найрозкішніше. Хоча люди не можуть це побачити своїми фізичними очима, проте Бог був так задоволений народженням Ісуса, що Він оточив дитину світилами слави в присутності численних сил небесних та янголів. Можна відчути Його хвилювання з Євангелії від Луки 2:14, в якому пише: *"Слава Богу на висоті, і на землі мир, у людях добра воля!"* Бог також зробив так, щоб добрі пастухи і царі зі Сходу прийшли і поклонилися новонародженому Ісусу.

Ісуса звеличували та славили через те, що Своїм приходом Він мав відкрити цьому світу двері спасіння, і величезна кількість людей ввійшли б на вічні небеса як діти Божі, а Ісус Син Божий став би Царем над царями, Паном над панами.

Задум Божий прихований в народженні Ісуса

Коли Ісус народився, цесар Август видав указ, за яким по всій Римській імперії мав відбутися перепис населення. Єврейські землі були колоніальним володіннм Риму, тому, підкоряючись наказу Цезаря, євреї повернулися до своїх рідних міст, щоб зареєструватися там.

Йосип також пішов зі своєю нареченою Марією з містечка Назарет в Галілеї до Вифлиєму, міста Давидового, тому що він належав до роду Давидового. Марія вже була заручена з Йосипом перед тим, як вони туди відправилися, і в її утробі була дитина, зачата від Духа Святого. Під час свого перебування в Вифлеємі вона народила первістка Ісуса.

Назва "Вифлеєм" означає "Дім хліба". Це було рідне місто царя Давида (1 Самуїл 16:1). В книзі пророка Михея 5:2 написано про місто Вифлеєм: *"І ти, Віфлеєме-Єфрате, чи ти замалий поміж тисячами юдейськими? Із тебе вийде Мені Той, Котрий має бути Володарем в Ізраїлі, і Котрого походження від початку, від днів вічних."* За пророцтвами Вифлеєм мав стати місцем народження Месії.

В той час в готелі не було місця для Йосипа і Марії, тому що тисячі людей прибули до Вифлеєму, щоб зареєструватися. Там в яскині Марія народила дитя. Вона загорнула Його в пелюшки і поставила в ясла, довгу посудину для годівлі корів чи коней.

Чому ж тоді Ісус, який прийшов як Спаситель людей, народився так скромно і бідно?

Для спасіння твариноподібних людей

В Книзі Екклезіяста 3:18 читаємо: *"Я мовив про людей у моєму серці: Бог випробовує їх, щоб показати, що самі собі вони — скотина."* Люди, які втратили образ Божий, були, на думку Бога, подібним до тварин. Перший чоловік Адам спочатку був живою істотою, створеною за образом Божим. Він також був духовною людиною, тому що Бог навчав його тільки правди.

Однак, Адам з'їв плід з дерева пізнання добра і зла, непослухавшись наказу Божого, тому його дух вмер і він вже більше не міг спілкуватися з Богом. До того ж, він вже не був господарем всього живого. Сатана підбурив Адама підкоритися грішній природі, і його чисте і правдиве серце перетворилося на нечисте та неправдиве.

В щоденному житті можна часто почути висловлювання: "Він нічим не кращий за тварину." Ви часто чуєте в ЗМІ про людей, які нічим не кращі за тварин. Задля своєї власної вигоди вони легко обманюють своїх сусідів, покупців, друзів і членів сім'ї. Батьки і діти ненавидять одне одного і деколи здається, що вони здатні вбити одне одного.

Люди роблять такі злі вчинки, тому що душа почала керувати людиною відтоді, коли дух помер, і через свої гріхи вони втратили образ Божий. Так як і тварини, люди мають тільки душу і тіло, тому вони не можуть ввійти на небо чи називати Бога Абба Батько. Ісус народився в яскині, щоб врятувати людей, які не є кращими за тварин.

Ісус це істинна духовна їжа

Ісуса положили в ясла, кормову посудину для коней, щоб він став справжньою духовною їжею для людей, які нічим не відрізняються від тварин (Іван 6:51).

Іншими словами, божественним задумом було привести людину до повного спасіння, даючи їм змогу відновити втрачений образ Божий і в повній мірі виконувати людські обов'язки. Тоді які обов'язки має людина? В Книзі Екклезіяста 12:13-14 дається пояснення:

Підсумок усього почутого: Бога бійся, й чини Його заповіді, бо належить це кожній людині! Усі бо діла Бог приведе на суд: усе, що тайне, чи воно добре, чи лихе.

Що означає "боятися Бога"? Книга приказок Соломонових 8:13 говорить нам: *"Страх Господній то ненависть до зла."* Тому боятися Бога означає більше не приймати недобре і водночас відкинути будь-яке зло зі свого серця.

Якщо ви дійсно боїтеся Бога вам треба робити все можливе, щоб відкинути будь-яке зло, боротися проти гріха і відректися від нього аж до пролиття крові. Так само як студенти тяжко вчаться, щоб забезпечити собі краще майбутнє, вам треба робити все можливе, щоб боятися Бога і виконувати всі обов'язки людини для отримання Божої любові та благословення.

В Біблії можна знайти Божі накази, дані Його дітям, такі як "робіть це; не робіть того; дотримуйтеся цього; відкиньте те." З однієї сторони, Господь вказує нам на те, що мають робити Божі діти: "молитися, любити, дякувати." З іншої сторони, Бог забороняє нам робити те, що веде до смерті, таке як ненависть, перелюбство і п'янство.

Він також говорить нам слухатися певних наказів, таких як "Дотримуватися священного дня відпочинку", "Додержуватися своїх обіцянок". Бог також примушує нас відкидати все шкідливе, кажучи "Уникайте будь якого зла", "Відкидайте свою жадібність".

Великим обов'язком людини є боятися Бога і виконувати Його накази. І в Судний день ми будемо відповідати перед Богом за всі наші вчинки, кожну приховану річ добра вона чи ні. Проте, коли ви живете як тварина, не виконуючи всі обов'язки людські, для вас природно буде попасти в пекло, коли прийде суд Божий.

Так само, Ісус народився в яскині і Його положили в яслах для спасіння людей, які є не кращими за тварин, щоб стати справжньою духовною їжею для них.

Життя Ісуса в бідності

В Євангелії від Івана 3:35 говориться: *"Любить Отець Сина й усе дав він Йому до рук."* А в Посланні до колосян 1:16 читаємо: *"Бо то Ним створено все на небі й на землі, видиме й невидиме, чи то престоли, чи то господства, чи то влади, чи то начальства, усе було Ним і для Нього створено!"* Іншими словами, Ісус єдиний Син Бога Творця і Володар всього на небі і на землі.

Чому тоді Він прийшов в цей світ так скромно і смиренно, жив в бідності, хоча за своєю природою Він був Всемогутнім

Богом і у всіх відношеннях був надзвичайно багатим?

Врятувати людей від бідності

В Другому посланні до коринтян 8:9 читаємо: *"Бо ви знаєте благодать Господа нашого Ісуса Христа, Який, бувши багатий, збіднів ради вас, щоб ви збагатились Його зубожінням."* Задум надзвичайної любові Божої виявися в цьому. Хоча Ісус був Царем над царями, Паном над панами і єдиним Сином Бога Творця, Він відмовився від небесної слави, прийшов в цей світ, і жив в бідності, зносячи зневагу і погане ставлення людей для того, щоб врятувати їх від бідності.

На початку, Бог створив людину, щоб вона отримувала і їла плоди не докладаючи зусиль, і щоб вона насолоджувалася багатим життям без важкої праці. Однак, після того як перший чоловік Адам не послухався Слова Божого і згрішив, людина могла їсти, здобуваючи їжу тільки важкою працею в поті свого лиця. Через це людина часто живе в нужді та бідності.

Бідність сама по собі не є гріхом, тому Ісус не пролив свою кров, щоб врятувати нас від бідності. Проте, бідність це прокляття, яке стало почало виявлятися після того, як Адам не послухався Бога. Проте Ісус збагатив вас, бо Сам жив в бідності.

Дехто каже, що життя Ісуса в бідності означає духовну бідність. Проте, оскільки Ісус був зачатий від Святого Духа і є одним цілим з Богом Отцем, не доречно вважати, що Він був духовно бідним.

Треба пам'ятати, що Ісус жив в бідності для того, щоб врятувати вас від неї, тому ви можете жити в багатстві, дякуючи за любов і ласку Божу.

Дехто каже, що неправильно просити грошей в молитві. Інші вважають, що якщо ви християнин, то ви мусите жити в бідності. Проте, це не є волею Божою.

В Біблії можна знайти багато благословень. До прикладу, у Второзаконні 28:2-6 читаємо:

I всі ці благословення зійдуть на тебе та здійсняться на тобі, якщо слухатимешся голосу ГОСПОДА, твого Бога. Благословен будеш у місті й благословен на полі; благословен буде плід твого лона і плід твоєї землі і плід твоїх тварин, великорослого та дрібного скоту. Благословен буде твій кошик і твоя діжа. Благословен будеш, входивши, й благословен будеш, виходивши.

Третє соборне послання св. апостола Івана 1:2 закликає нас: *"Улюблений, я молюся, щоб добре велося в усьому тобі, і щоб був ти здоровий, як добре ведеться душі твоїй."* Насправді, всі вибрані Богом люди такі, як Авраам, Ісаак, Яків, Йосип і Даниїл жили заможно.

Жити в достатку

Бог справедливий, тому кожна людина збирає те, що вона посіяла. Так само як батьки хочуть дати своїм дітям тільки все добре, ваш люблячий Бог хоче дати вам все, що ви попросите в молитві (Марко 11:24).

Бог хоче дати вам відповіді і благословення, але ви не зможете нічого отримати якщо ви не попросите або якщо ви просите без бажання пізнати. Тому, якщо ви спробуєте зібрати щось, не посіявши, ви смієтеся з Бога і йдете проти духовного закону.

Дехто може сказати: "Я хочу сіяти, але я не можу, бо я такий бідний." Проте, в Біблії можна побачити багато людей, які були дуже бідними, але не шкодували сил, щоб сіяти і у винагороду отримали багате благословення.

В Першій книзі царів 17, ми бачимо, що в тій землі три з половиною років панував голод. Коли все ще лютував голод, вдова в Сарепті сидонській зробила малого калача для пророка Іллі з пригорщі борошна в дзбанку і трохи олії в горняті, ось все що вона мала. Бог був дуже задоволений як вона допомогла Його слузі і щедро її поблагословив: дзбанок муки не скінчився, і не забракло в горняті олії аж до дня, як Господь дав дощу на поверхню землі (1 Царів 17:14).

Коли Ісус був на землі трапилася одна подія, коли вдова пожертвувала дві лепти, тобто кодрант в скарбницю храму. Незважаючи на цю незначну суму, Ісус показав її приклад своїм учням, кажучи, що ця вбога вдова поклала найбільше за всіх, хто клав у скарбницю. Це було тому, що вона поклала з убозтва свого все, що мала вона, весь свій пожиток, тоді коли інші клали від свого залишку (Марко 12:42-44).

Найважливішою річчю, яка має бути домінувати у вашому складі мислення, це бажання віддати все Богу. Бог не бачить кількості того, що ви даєте, проте відчуває приємні пахощі любові і віри, які є в ваших дарах і багато благословляє вас.

Бичований і стікаючий кров'ю

Перед тим, як розіп'ясти Ісуса, римські солдати насміхалися та глузували над ним, б'ючи Його по обличчю, плюючи на Нього. Вони також сікли Ісуса батогом, довгим шкіряним ременем з шершавими кусками свинцю, які звисали з прута.

В той час римські воїни були найміцнішою, добре дисциплінованою і найсильнішою армією в світі. Яким нестерпним був біль, коли вони зняли з Нього одяг і бичували Його? Коли вони хльостали Його тіло батогом, плоть була знівечена аж до самих кісток, і хлинула кров.

Для того, щоб виконати пророцтво Ісаї, яке звучить так: *"Плечі мої віддав я тим, хто мене били; щоки мої тим, хто бороду в мене рвали; обличчя мого не відвертав я від плювків та глузування"* (Ісая 50:6), Ісус ніколи не намагався уникнути цих побоїв.

Щоб зцілити хвороби та недуги

Чому тоді Ісуса бичували і чому Він стікав кров'ю? Чому Бог дозволив, щоб таке відбувалося з Його Сином? В книзі пророка Ісаї 53 пояснюється мета страждань та поневірянь

Ісуса.

Він же був поранений за гріхи наші, роздавлений за беззаконня наші. Кара, що нас спасає, була на ньому, і його ранами ми вилікувані. Усі, як вівці, ми блукали; кожен ходив своєю дорогою; провини нас усіх Господь поклав на нього! (Ісая 53:5-6).

Ісус був ранений і мучився за наші гріхи та ганебні діла. Він був покараний, побитий та стікав кров'ю за наш мир і звільненя від всяких хвороб.

В Євангелії від Матвія 9, коли Ісус зцілив розслабленого, який лежав на ложі, Він вперше відпустив йому гріхи , кажучи: "Прощаються тобі гріхи твої." Тільки після цього Ісус мовив до нього: "Уставай, візьми ложе своє, та й іди у свій дім!".

В Євангелії від Івана 5 Ісус зцілив людину, яка була хворою протягом тридцяти дев'яти років, Він сказав йому: *"Ось видужав ти. Не гріши уже більше, щоб щось гірше тобі не сталось!"* (Іван 5:14)

Біблія вчить, що причиною хвороб були ваші гріхи. Тому вам треба когось, хто б міг відпустити вам гріхи і звільнити від хвороб. Проте, без пролиття крові, не може бути прощення (Левит 17:11).

Тому в часи Старого Заповіту коли хтось згрішив, священики різали тварин як жертовну спокуту за провину. Проте, вам більше не треба різати тварин як жертву, після того як Ісус воплотився, прийшов в цей світ і пролив Свою бездоганну, незаплямовану могутню кров. Свята кров Ісуса спокутувала всі гріхи людей в минулому, теперішньому чи навіть майбутньому.

Він носив терновий вінець

Корона і мантія власне створена для царя в королівських шатах. Хоча Ісус був єдиним Сином Божим, Царем над царями, Паном над панами, Він носив вінець, зроблений з довгих та колючих тернів замість чудової корони із золота, срібла та коштовностей,

Тоді вояки намісника взяли Ісуса до преторії, і зібрали на нього увесь полк. І, роздягнувши Його, накинули на Нього червоний плащ. І, сплівши вінець з тернини, поклали Йому на голову, а тростину дали в праву руку. Потім, припавши перед Ним на коліна, глузували з Нього, кажучи: "Радуйся, царю юдейський!" Вони плювали на Нього, брали тростину й били Його по голові (Матвій 27:27-30).

Римські солдати сплели терні, щоб утворився вінець, який був замалий на Ісуса, і він втиснувся в чоло Господа. Тому терні впʼялися в Його голову і чоло, і кров бризнула з лиця Ісуса. Чому Всемогутній Бог дозволяє, щоб Його єдиний Син носив терновий вінець, страждав від жахливого болю і стікав кровʼю?

Перше, Ісус носив терновий вінець, щоб звільнити нас від гріхів, скоєних в думках.

Коли чоловік, створений Богом, говорив з Ним і дотримувався Його Слова, він не грішив, бо завжди думав відповідно до волі Божої і підкорявся Господу.

Проте, коли його спокусив змій і він вклав йому думку сатани, то почав грішити. Адам ніколи до цього часу не думав їсти плід з дерева пізнання добра і зла. Однак, коли його спокусив змій, він з'їв плід, бо вважав його добрим для їжі і приємним на вигляд, а також необхідним, щоб стати мудрішим.

Так само Сатана, який змусив перших людей Адама та Єву не послухатися Бога, діє тепер щоб ви грішили в думках.

В мозку людини є клітини, які відповідають за пам'ять. З самого народження все, що ви бачите, чуєте і вчите було записано в цих клітинах пам'яті через ваше власне ставлення до певних подій, людей чи інформації. Ми називаємо це "знанням". Те, що зветься "думкою", є процесом відтворення цього накопиченого знання через діяльність вашої душі.

Люди виростають в різному оточенні. Те, що вони бачили, про що чули і що вчили, відрізняється одне від одного і те, що зберігається в їх мозку також є різним. Навіть якщо те, що вони побачили, про що почули і що вивчили є однаковим, кожен має свої власні почуття в той чи інший момент, тому люди неминуче мають різні цінності.

Слово Боже не завжди відповідає вашому власному знанню та теорії. До прикладу, ви можете думати, що якщо хочете мати вище становище, вам слід зробити все можливе щоб отримати перевагу над іншими. Проте, Бог вчить вас, що хто принижує себе, той піднесеться (Матвій 23:12).

Більшість людей вважають, що природно ненавидіти свого ворога, але Бог каже вам "Любіть ворогів своїх" і "Якщо ваш ворог голодний, нагодуйте його; якщо він спраглий, дайте напитися".

Божі думки є духовними, а людські плотськими. Сатана дає вам плотські думки, бо він спокушає вас уникати Бога, стає на перешкоді здобуття істинної віри і веде вас до земних шляхів, які зрештою приводять до згрішення і вічної смерті.

В Євангелії від Матвія 16:21 і в наступних віршах, Ісус пояснив Своїм апостолам, що Він страждатиме і буде вбитий на хресті і на третій день воскресне з мертвих. Почувши це, Петро відвів Ісуса вбік і почав докоряти йому, кажучи: *"Будь милостивий до Себе, Господе! Нехай не буде цього з Тобою!"* (вірш 22). Проте, Ісус обернувся і сказав розлючено Петрові: *"Геть, сатано, від мене! Ти мені спокуса, бо думаєш не про Боже, а про людське"* (вірш 23). Коли Ісус несамовито сказав: "Геть, сатано, від мене", Він не мав на увазі, що Петро це Сатана, а що це сам Сатана діяв в Петрових думках, щоб перешкодити Божим ділам.

Це сталося через те, що Ісус мав нести хрест людського спасіння відповідно до волі Божої, а Петро своїми плотськими думками намагався перешкодити Йому це робити.

Апостол Павло в Другому посланні до коринтян 10:3-6 пише наступне:

Ми живемо як люди, але не воюємо із спонук тілесних, а зброя нашої боротьби не тілесна, а сильна в Бозі на руйнування твердинь. Ми руйнуємо задуми і всяку гордість, що повстає проти пізнання Бога, і беремо в полон усякий розум на послух Христові, і ми також готові покарати всякий непослух, як тільки ваш послух буде звершений.

Вам слід зруйнувати власні докази та міркування, які засновані та часто діють проти Царства Божого. Контролюйте кожну думку, щоб вона була покірна Христу, аби жити в правді, і тоді ви станете духовною та віруючою людиною.

Вам слід відкинути думку, що маєте двічі когось вдарити, щоб не зганьбитися, коли хтось б'є вас, тому що ця плотська думка виступає проти правди.

Тому, ви повинні відкинути всі гріхи, які йдуть від ваших думок. Для того, щоб повністю вирішити проблему гріхів, треба перш за все відкинути пожадливість тіла, пожадливість очей і гординю життя. Це неправдиві думки, якими втішається Сатана.

Пожадливість тіла, тобто думки, які виникають в людському розумі, це бажання проти Божої волі. В Посланні до галатів 5:19-21 перелічуються такі жадання:

Діла плоті відомі; вони є: перелюб, блуд, нечистота, непристойність, ідолослужіння, чаклунство, ворожнеча, сварка, заздрість, гнів, розбрат, незгода, спокуси, єресі, ненависть, убивства, пиятика, зарозумілість і подібне до цього; попереджаю вас, як і раніше попереджав: ті, що чинять так, Царства Божого не успадковують.

Пожадливість тіла це саме бажання робити те, що Бог наказує відкинути.

Пожадливість очей означає, що на розум людини дуже впливає оточення, і тому її починають переслідувати бажання, які виникли в голові. Коли хтось насолоджується світом, шукаючи пожадливості очей, то тільки ці бажання є важливими для нього і він більше нічим не може задовільнитися.

В людини виникають хвалькуваті думки, коли вона отримує владу над втіхами світу в гонитві за задоволенням жадань грішника і пожадливостей очей. Це називається гординею життя.

Щоб звільнити нас від розпусти, беззаконня та зла, Ісус носив терновий вінець і пролив Свою кров. Оскільки тільки безневинна та бездоганна кров Ісуса може звільнити нас від гріхів, Він звільняє нас від всіх гріхів, скоєних в думці, носячи терновий вінець на голові і проливаючи Свою кров.

Друге, Ісус носив терновий вінець, щоб дати людям можливість носити кращі вінці на небесах.

Іншою причиною того, що Ісус носив терновий вінець є те, що це дало вам можливість здобути кращі вінці. Оскільки Він звільнив вас від бідності і, сам живучи бідно, дав людям багатство, тому Він носив терновий вінець, щоб дати вам змогу здобути кращі вінці на небесах.

На небесах є незліченна кількість вінців, приготованих для дітей Божих. На світі існують нагороди, такі як золоті, срібні чи бронзові медалі, які вручають переможцям відповідно до їхнього місця на атлетичних змаганнях. Так само на небесах є різні види вінців.

Є нетлінний вінець, як описано в Першому посланні до коринтян 9:25: *"Усі, хто біжить, утримуються від усього; ті, заради вінця тлінного, а ми – нетлінного."* Нетлінний вінець приготований для дітей Божих, хто намагається відкинути свої гріхи. Вінець слави приготований для тих, хто відкинув свої гріхи, живе відповідно до Слова Божого і славить Його (1 Петра 5:4). Вінець життя приготований для тих, хто всім своїм серцем любить Бога, віддані Йому аж до смерті, і відкинуши всяке зло стали святими (Яків 1:12; Одкровення 2:10).

Вінець праведності дається тим, хто як апостол Павло, стали святими, відкинувши всі свої гріхи. Більше того, вони виконали свою місію відповідно до волі Божої (2 до Тимофія 4:8).

В Об'явленні св. Івана Богослова 4:4 описано, що *"Навкруг престола — двадцять чотири престоли, і на престолах — двадцять чотири старці сиділи, одягнені в одежі білі, і на головах їхніх вінці золоті."* Золоті вінці приготовані для людей, хто досягнув рівня старців і хто буде допомагати Богові в Новому Єрусалимі.

Тут слово "старці" не означає людей, яким дане це звання

церквами світу, а описує тих, кого Він визнав святими і вірними у всьому домі Божому, а також вони мають непохитну золоту віру.

Бог дає різні вінці Своїм дітям залежно від того, наскільки вони звільнилися від гріхів і виконують Божу місію. Діти Божі будуть процвітати на небесах і отримають кращі вінці, якщо вони не думають як задовольнити похоті своєї грішної природи, а діють відповідно до Слова Божого (до Римлян 13:13-14), ходять за Духом (до Галатів 5:16) і вірно виконують свої обов'язки та призначення.

Так само, Ісус звільнив вас від всіх гріхів, вчинених в думці, тому що Він носив терновий вінець і пролив Свою кров. Якими вдячними маєте ви бути, бо Ісус готує кращі вінці на небі, щоб дати їх вам відповідно до того, наскільки віруєте і виконуєте своє призначення!

Тому ви маєте зрозуміти наскільки чудово мати глибинну віру, щоб отримати ці вінці. Далі ви повинні любити свого Господа, відкидаючи всяке зло, добре виконувати свою місію і бути вірними у всьому домі Божому. Сподіваюся, ви отримаєте найкращий вінець на небі відповідно до ваших заслуг.

Одежа і хітон Ісуса

Ісус, Який носив терновий вінець і кров Якого пролилася через жорстоке бичування, прийшов до Голгофи, місця розп'яття. Тоді римські воїни розіп'яли Христа, вони зняли

Його одяг, поділили його на четверо, одна частина для кожного з них. Вони не поділи хітон, а кинули на нього жереб.

Тоді вояки, розіп'явши Ісуса, узяли його одіж та й зробили чотири частини, по одній частині кожному воякові, і хітон. Та був хітон не пошитий, лише ввесь від верху тканий. Тому домовилися між собою: "Не рвімо його, а киньмо на нього жереб, на кого впаде." А тим же мало здійснитись Писання: "Мою одіж розділили між собою, на шату ж мою кинули жереб" (Іван 19:23-24).

Чому Слово Боже детально розповідає про одежу і хітон Ісуса? Історія Ізраїлю починаючи з 70 року від Різдва Христового глибоко закарбувала духовне значення цього випадку.

З Нього зірвали одяг і розіп'яли

Відповідно до Євангелія від Матвія 27:22-26, на вимогу ізраїльтян, які не визнавали Ісуса Месією, Понтій Пилат засудив Його до розп'яття, після того, як над Ним знущалися та глузували з Нього.

Після того, як Ісус носив терновий вінець та як над Ним знущалися та глузували, Він ніс хрест на Голгофу і там був розіп'ятий. Пилат наказав воїнам над Його головою вчепити напис за що його засуджено, на якому зазначалося: "ЦЕ

ІСУС — ЦАР ЮДЕЙСЬКИЙ" (Матвій 27:37).

Цей напис був на давньоєврейській, латинській та грецькій мовах. Давньоєврейська була традиційною мовою євреї, обраного Божого народу. Латинь була офіційною мовою Римської імперії, наймогутнішої держави на той час, а грецька була мовою, яка панувала в світовій культурі. Тому напис на трьох мовах символізує те, що весь світ визнавав Ісуса як справжнього царя Юдейського і Царя над царями.

В Євангелії від Івана 19:21-22 говориться, що після того, як багато євреїв побачили напис вони сказали Пилату не писати "Цар Юдейський", а натомість "Він сказав: Я — Цар Юдейський!" Однак Пилат відповів їм: "Що написав я, те написав", і залишив напис таким як він був. Це означає, що навіть Пилат визнавав Ісуса царем Юдейським.

Оскільки Пилат визнавав Ісуса царем Юдейським, Він справді був єдиним Сином Божим, Царем над царями і Паном над панами. Незважаючи на це, з Нього зірвали одяг і хітон, розіп'яли на хресті перед великою кількістю людей, які дивилися на це видовище. Таким чином, Ісус зніс таку величезну ганьбу.

Ми живемо в цьому грішному світі, забуваючи про людські обов'язки. І для того, аби звільнити вас від всякої ганьби, нечистот, злих вчинків, беззаконь та розпусти з Ісуса, Царя над Царями, зірвали одяг і хітон і Він зносив ганьбу, коли багато людей дивилися на Нього. Якщо ви осягнете духовне значення цих подій, то не зможете не дякувати Йому за це.

Поділили одіж Ісуса на чотири частини

Римські воїни зірвали з Ісуса одяг і розіп'яли Його. Вони взяли Його убрання і поділили його на чотири частини, а на хітон кинули жереб.

Подумавши логічно, можна дійти до висновку, що Його одяг не міг бути гарним чи дорогим. Тоді чому воїни поділили його на чотири частини?

Чи знали вони через свою далекоглядність та мудрість, що Ісуса будуть шанувати як Месію і чи хотіли отримати хоча б щось з Його одягу, щоб потім передати своїм нащадкам як дорогоцінний сімейний скарб? Ні, справа була не в цьому.

Псалом 22:18 провіщає: *"Вони поділили мою одіж між собою, а на убрання моє вони кинули жереб."* Бог дозволив римським воїнам зняти з Нього одяг, щоб виконався цей вірш (Іван 19:24).

Тоді, яке духовне значення має одяг Ісуса? Чому вони поділили Його убрання на чотири частини, одна для кожного з них? Чому не розділили хітон? Чому Бог дозволив, щоб ця історія була записана в минулому?

Оскільки Ісус є царем Юдейським, Його одяг уособлює ізраїльський народ або євреїв. Так як римські воїни поділили одяг га чотири частини, то саме убрання було знищене. Це означає, що ізраїльський народ буде зруйнований. Це також вказує на те, що ім'я "Ізраїль" залишиться так само як і частини одягу. Проте, всі пророцтва про Його одяг говорили, що євреї будуть розкидані по всьому світу в результаті загибелі їхньої нації. Історія Ізраїлю засвідчує, що це пророцтво виконалося.

Через 40 років після смерті Ісуса на хресті, римський генерал Тит знищив Єрусалим. Храм Божий був повністю зруйнований, на його місці не залишилося каменя на камені. З того часу як ізраїльський народ перестав існувати, євреї були розкидані по всьому світі, їх переслідували і навіть знищували. Це пояснює чому євреї живуть по всьому світі навіть до сьогодні.

В Євангелії від Матвія 27:23 описується жахлива сцена, коли Пилат каже розгніваному натовпу, що Ісус невинний, але вони все голосніше вимагали Його розіп'ясти У відповідь на це Пилат взяв воду і вмив свої руки, щоб показати що він не був відповідальний за смерть невинного Ісуса, кажучи: *"Я невинний крові праведника цього; ви побачите"* (вірш 24). Тоді натовп відповів: *"Кров його на нас і на наших дітях!"* (вірш 25).

Дивовижним є те, що ізраїльська історія чітко показала, що багато євреїв і їх нащадків пролили кров, ніби виконуючи вимоги Понтія Пилата. Протягом чотирьох десятиріч після смерті Ісуса, 1.1 мільйона євреїв були знищені. Більше того, під час Другої світової війни гестапівці вбили близько шести мільйонів євреїв. Фільм «Список Шиндлера» змальовує трагічні сцени, коли євреїв, незалежно від статі та віку, вбивали без будь-якого одягу. Навіть злочинцям дозволено вдягати чисту одежу, коли вони йдуть на страту, але євреїв роздягали до гола, а тоді вбивали.

Євреї не визнавали Ісуса Месією, роздягнули Його і розіп'яли. Так як вони викрикували "Кров його на нас і на наших дітях!", жахливе лихо вже дуже довгий час переслідує ізраїльтян.

Хітон Ісуса не шитий, лише ввесь від верху витканий

В Євангелії від Івана 19:23 описується хітон Ісуса: *Та був хітон не шитий, лише ввесь від верху витканий.* Тут, "не шитий" у вірші означає, що хітон не мав швів, щоб сполучити кілька частин одягу. Більшість людей не цікавляться як шиється одяг, і чи їх вбрання виткане від верху до низу чи навпаки. Тоді чому Біблія так детально описує хітон Ісуса?

Біблія каже, що прабатьком всіх людей є Адам, прабатьком віри є Авраам, а прабатьком Ізраїлю є Яків. Бог навчає нас, що прабатьком Ізраїлю є не Авраам, а Яків, тому що 12 племен Ізраїлю пішли від 12 синів Якова. Засновником ізраїльської нації є Яків, навіть хоча прабатьком віри є Авраам.

Бог також в книзі Буття 35:10-11 поблагословив Якова:

"Ім'я твоє — Яків, та не будуть більше звати тебе Яків. Ні, Ізраїль буде твоє ім'я". І дав йому ім'я Ізраїль. Далі Бог сказав до нього: "Я — Бог всемогутній! Будь плідний і розмножуйся! Народ,

багато народів постане з тебе. Навіть царі вийдуть
із твоїх стегон."

Відповідно до Слова Божого в цьому вірші, дванадцять синів Якова сформували основу Ізраїлю, і це була єдина країна поки вона не була поділена в часи царя Ровоама на Ізраїль на півночі та Юдею на півдні.

Пізніше населення Ізраїлю на півночі змішалося з поганами, проте Юдея залишилася єдиною. Сьогодні люди, які живуть в Юдеї називаються євреями. Той факт, що хітон Ісуса був не шитий, лише ввесь від верху витканий означає, що ізраїльський народ до цього часу зберіг свою єдність та ідентичність як Якові нащадки.

Ісусів хітон не порвали, а кинули на жереб

В цьому випадку хітон позначає людські серця. Оскільки Ісус є царем Юдейським, Його хітон символізує душу євреїв.

Ізраїльтяни, як обраний Богом народ через прабатька віри Авраама, шанували Бога понад усе. Те, що вони не розірвали хітон означає, що дух ізраїльських євреїв, які поклонялися Богу, зберігся і не знищився, хоча сам народ чи уряд Ізраїлю в певний період був знищений.

По суті, Біблія провіщала, що погани не зможуть знищити дух ізраїльтян, який був глибоко в їхніх серцях. Іншими словами, їхня любов до Бога збереглася непохитною, хоча ізраїльський народ був знищений поганами. Оскільки вони мали таку вірну любов, Бог вибрав ізраїльтян як Його власний народ і використав їх, щоб укріпити Своє царство та справедливість.

Навіть сьогодні ізраїльтяни намагаються виконувати закон з вірною любов'ю. А це тому, що вони є нащадками Якова, який сам мав вірну любов. Ізраїльтяни здивували весь світ, здобувши незалежність 14 травня 1948 року, довго після того як вони втратили свою державність. Після цього Ізраїль швидко розвинувся як одна з передових та впливових держав, а народ знову показав свій національний дух і високі якості.

Так само як римські воїни не могли поділити спідню білизну Ісуса, яка була не шита, лише вся від верху виткана, погани не можуть знищити дух ізраїльтян, які поклонялися Богу. Зрештою, ізраїльтяни як нащадки Якова заснували незалежну державу і виконали волю Божу як Його обраний народ.

Ізраїль в кінці часів передбачених в Біблії

Оскільки Бог провістив історію Ізраїлю через одяг і хітон Ісуса, Він також дав свідчення про останні дні існування світу.

В книзі пророка Езекіїла читаємо:

По довгому часі одержиш наказ. На останку років виступиш проти краю, що врятувався від меча, зібраного з багатьох народів, по горах ізраїльських, що довгий час були пустинні; народу, що був виведений з-між інших народів, і всі вони живуть безпечно. Ти здіймешся, мов хуртовина, налетиш хмарою, окриєш землю, ти й усі твої ватаги, і сила народів з тобою.

"По довгому часі" в цьому вірші означає період від народження Ісуса до Його Другого Приходу, а час "на останку років" відповідає останнім рокам наближення Другого Приходу Ісуса. "Гори ізраїльські" означають Єрусалим, який знаходиться на узгір'ї близько 760 метрів над рівнем моря. Тому то послання про те, що в майбутньому багато людей зберуться з різних країн передбачає, що ізраїльтяни повернуться до своєї землі з різних куточків світу, коли буде наближатися повернення Ісуса.

Це передбачення здійснилося, коли Ізраїль був знищений Римською імперією в 70 році від Різдва Христового, і здобув незалежність в 1948 році. Ізраїль був ізольований поки не став незалежним, але він зумів стати однією з найбільш розвинених країн світу.

Новий Заповіт також пророкує незалежність Ізраїлю. Ось що говорить нам Ісус в Євангелії від Матвія 24:32-34:

Від смоківниці навчіться притчі. Коли віття її стає м'яке й вона листя виганяє, ви знаєте, що близько літо. Отак і ви: коли це все побачите, знайте, що він уже близько під дверима. Істинно кажу вам: Цей рід не промине, поки не збудеться все це.

Це була відповідь Ісуса своїм апостолам, які попросили про знак Його Другого Приходу і кінця віку.

Смоківниця у вірші позначає Ізраїль. Коли листя дерева опадає і дує холодний вітер, ви знаєте, що наближається зима. Так само, як тільки віття смоківниці стає м'яким і з'являються її листочки, ви знаєте, що літо вже близько. За допомогою смоківниці Ісус пояснює нам, що коли Ізраїль буде відновлений після довго періоду занепаду, тобто коли ізраїльтяни здобудуть свою незалежність, тоді наближиться Другий Прихід Ісуса.

Ви не знаєте скільки часу буде існувати "цей рід", який Ісус згадав у вірші, але знаєте, що це буде точно виконане. Ви вже були свідками здобуття Ізраїлем незалежності, тому дуже легко зрозуміти, що Другий Прихід Ісуса вже дуже близько.

Знаки, які передвіщають кінець віку

В Євангелії від Матвія 24, коли апостоли запитали Його про знаки приходу кінця віків, Ісус детально їм пояснив. Проте, Він не назвав точної години чи дня, кажучи: "А про той день і годину ніхто не знає, ані ангели небесні, — лише один Отець." (Матвій 24:36).

Це лише значить, що Він як Син Людський, хто воплотився і прийшов в цей світ не знав точної години чи дня. Це не означає, що Ісус як складова Трійці не знав цього після Свого розп'яття, воскресіння і вознесіння на небеса.

Багато говорячи про знаки кінця віку, Ісус попередив вас:

"Через те, що буяє беззаконня, любов багатьох охолоне. Але хто витримає до останку, той спасеться." (Матвій 24:12-13).

Сьогодні ви дуже добре можете побачити, що беззаконня зростає, а любов холоне. Важко знайти добрих та сердечних людей. Ісус сказав в Євангелії від Матвія 24:14: *"І ця Євангелія Царства буде проповідуватись по всьому світі, на свідоцтво всім народам. І тоді прийде кінець."* Євангеліє проповідується у всіх країнах.

Більше того, ми живемо в "глобальному селі", в якому за допомогою транспортних засобів чи засобів зв'язку можна отримати доступ до будь-якого куточка земної кулі. Це явище також було провіщене в книзі пророка Даниїла 12:4: *"А ти, Даниїле, заховай ті слова й запечатай книгу до часу кінця. Багато буде досліджувати, і побільшає знання".* За таких обставин Євангеліє швидко поширилося світом.

Правдою є те, що навіть якщо Євангеліє проповідувалося по всьому світу, то могли залишитися деякі люди, які не приймають Христа, бо не хочуть відкрити свої серця. Або ж, зосталися деякі недосяжні місця, де ще не посіяне зерно Євангелія.

Пророцтва Старого Заповіту виконані, а більшість пророцтв Нового Заповіту також здійснилися. Все Святе Письмо натхненне Святим Духом. Проте, Слово Боже правдиве і безпомилкове. Найменша літера чи незначний порух пера не буде змінений в Слові Божому. Бог виконує Своє слово і обіцянки, і тільки дещо залишається невиконаним, включаючи Другий Прихід нашого Господа

Ісуса Христа, сім років великої скорботи, нове тисячоліття і суд Великого Білого престолу.

Його руки і ноги прибили до хреста

Розп'яття було одним з найжорсткіших методів страти вбивців чи зрадників. Руки людини розтягували на дерев'яному хресті. І обидві руки і ноги прибивали цвяхами. Він висів на хресті довгий час поки не помирав. Тому мав страждати від величезної болі до останнього подиху.

Ісус Син Божий творив тільки хороші діла і не мав ні провин, ні інших згрішень в цьому світі. Чому тоді руки і ноги Ісуса прибили до хреста і кров Його пролилася?

Біль, яку відчуваєш, коли руки і ноги прибивають до хреста

Ісуса засудили до смерті на хресті і Він прийшов на місце страти, на Голгофу. Один римський воїн мав великий залізний цвях, а інший мав молоток, і вони почали прибивати Його руки і ноги за наказом сотника. Тоді підняли хрест. Ви можете собі уявити як це було боляче?

Невинний Ісус мав терпіти біль, коли великий цвях забивали в тіло, і коли вага тягла Його вниз і частини тіла нівечилися.

Коли людині відтинають голову, то біль проходить блискавично. Проте, смерть на хресті була набагато боліснішою, тому що людину вішали, вона стікала кров'ю, терпіла зневоднення і виснаження поки не помирала.

Більше того, в спекотний день в пустелі різні комахи і паразити літали навколо Його понівеченого тіла, щоб смоктати кров, яка точилася з Його ран на проколотих цвяхами руках і ногах. І на вершині цих всіх страждань розлючені люди показували пальцями на Нього, глузували, проклинали і кричали в Його сторону образи. Дехто навіть зневажав Його кажучи: *"Ти, що руйнуєш храм і за три дні відбудовуєш знову, спаси Себе самого; якщо ти Син Божий, зійди но з хреста!"* (Матвій 27:40).

Під час Свого розп'яття Ісус зносив нестерпну біль. Проте, Господь знав, що померши на хресті він відкупить всі гріхи і прокляття і відкриє шлях для звільнення людей від їх провин, щоб вони могли стати дітьми Божими. Насправді Його первинний задум мав інше походження. Однак, залишалися люди, які не знали задуму Божого і які не отримали спасіння у своїй злості. Це приносило Йому величезну біль.

Гріхи, вчинені руками і ногами

Коли в серці зароджується грішна думка, воно в свою чергу спонукає руки і ноги згрішити. Оскільки існує духовний закон, за яким смерть є відплатою за гріхи, коли ви грішите, то маєте потрапити в пекло і страждати там вічно.

Ось чому Ісус сказав: *"І коли нога твоя спокушає тебе, відітни її: краще тобі ввійти в життя кривим, ніж з двома ногами бути кинутим у пекло, де черв'як їхній не вмирає й вогонь не вгасає. І коли око твоє спокушає тебе, вирви його: краще тобі ввійти у Царство Боже однооким, ніж з двома очима бути кинутим у пекло"* (Марко 9:45-47).

Скільки разів з часу свого народження ви грішили руками і ногами? Дехто в гніві б'є інших людей. Дехто краде, ще інші втрачають свої статки граючи в азартні ігри. Люди стають жорстокими і ходять де їм не слід бути. Тому, якщо ваші ноги спонукають вас до гріха, краще відрізати їх і увійти в небеса, ніж з двома ногами бути кинутим у пекло.

Також, скільки ви грішите з допомогою своїх очей? Жадібність і перелюбство поглинають вас коли бачите щось, чого не варто бачити очима. Ось тому Ісус сказав, що якщо ваші очі спокушають вас згрішити, краще вибити їх і увійти в небеса, ніж бути кинутим у пекло, згрішивши ними.

В часи Старого Заповіту, якщо хтось грішив своїми очами, їх вибирали; якщо хтось грішить руками чи ногами, їх відрізали; якщо хтось чинив вбивство чи перелюб, його закидали каменями до сметрі (Второзаконня 19:19-21).

Навіть якщо б Ісус не переносив страждання на хресті, то сьогодні діти Божі мали б відрізати свої руки чи ноги, якщо вони грішать ними. Однак, Ісус ніс свій хрест, Його руки та ноги були прибиті, а тіло стікало кров'ю. Зробивши це все, Він змив всі гріхи, які були вчинені вашими руками і ногами, і вам більше не треба терпіти страждання чи віддавати плату за власні гріхи. Якою величезною є Його любов!

Вам слід пам'ятати, що Він очищує вас від всяких гріхів якщо ви ходите у світлі, як сам Ісус — у світлі, і якщо визнаєте свої гріхи і не відвертаєтеся від Нього (1 Івана 1:7).

Тому дуже важливо наповнити своє серце правдою, щоб вести переможне життя з вдячною та ласкавою любов'ю до Бога.

Ноги Ісуса не зламані, але Його бік проколений

Ісус помер в п'ятницю, якраз перед священним днем відпочинку, тобто суботою. В той час субота була священним днем відпочинку, і євреї не хотіли, щоб тіла залишалися на хресті в цей день.

Тому, як написано в Євангелії від Івана 19:31, євреї попросили Понтія Пилата, щоб переламали їм голінки й познімали з хреста.

З дозволу Понтія Пилата воїни переламали голінки грабіжників, які були розіп'яті з двох боків від Ісуса, але вони не зламали Його ноги, тому що Господь вже був мертвий. В той час, ті, кого розпинали, вважалися проклятими, тому солдати переламували їм голінки. Отже, в тому факті, що вони не переламали голінки Ісуса криється божественний задум.

Чому Ісусові голінки не переламали?

Ісус, який не мав жодного гріха, був проклятий і розіп'ятий, щоб звільнити людей від прокляття закону. Сатана не міг переламати Його голінки не тому, що Ісус помер за свої гріхи, а через те, що Він був розіп'ятий за задумам Божим.

Крім того, Бог не дозволив, щоб голінки Ісуса переламали для виконання пророцтва Псалму 34:20, в якому читаємо: "В Нього будуть всі кістки. Не ламається жодна кістка."

В книзі Числа 9:12 Бог каже ізраїльтянам не ламати жодних кісток ягняти, коли вони їдять його. Він також каже в книзі Вихід 12:46, що вони можуть їсти ягняче м'ясо, але їм не можна ламати жодної кісточки.

"Ягня" позначає Ісуса, який був бездоганним і безневинним, проте Він пожертвував Себе як спокутну жертву за людей і їхні гріхи зі Своєї любові до нас. Згідно з Святим Письмом, а саме книгою Вихід 12:46, в якій говориться: *"В одній хаті їстимуть (її); нічого з м'яса не виносити поза дім, ані кісточки не переломите в ньому"*, жодна кістка Ісуса не була переламана.

Його бік проколений

В Євангелії від Івана 19:32-34 описується інакша жахлива сцена:

Отож вояки прийшли і переламали першому голінки і другому, який був з ним розіп'ятий. Та коли підступили до Ісуса й побачили, що він уже мертвий, то голінок не перебивали йому. Лише один з вояків проколов йому списом бік. І потекла негайно ж кров — і вода.

Хоча солдати вже знали, що Ісус був мертвим, то чому вони все таки списом прокололи Його бік і тому потекла кров і вода? Цей епізод показує злостивість людини.

Хоча Ісус був Богом, Він не вимагав і не наголошував на Своїх Господніх правах. Натомість, Він Себе применшив; Він прийняв вигляд скоромного раба і прийшов на землю в людській подобі. Ісус навіть ще покірніше принизив Себе, померши на хресті як злочинець. Таким чином Він відкрив для вас двері спасіння (до Филип'ян 2:6-8).

При Своєму житті на цьому світі Ісус звільняв в'язнів, збагачував бідних і зцілював хворих та немічних. Він не мав досить часу щоб їсти чи спати, так як докладав величезні зусилля, щоб проповідувати Слово Боже задля спасіння якнайбільшої кількості душ. Ісус піднявся на гору щоб помолитися, коли Його учні відпочивали.

Багато євреїв переслідували та зневажали Ісуса, хоча Він був чистим добром. В кінці кінців, вони розіп'яли Його на хресті через свою гріховність. Більше того, не зважаючи на те, що Він був мертвим, римський воїн проколов бік Христа списом. Цей факт говорить нам про те, що люди чинили гріх за гріхом.

Бог показав вам Свою величезну любов, пославши Свого єдиного Сина Ісуса Христа і дозволивши Його розп'яття, щоб звільнити вас від гріхів, незважаючи на всю гріховність людей.

Кров і вода текла з Його боку

Як вже було згадано, римський воїн проколов бік Ісуса

списом в своїй гріховності, незважаючи на те, що він знав, що Христос вже був мертвим. Коли воїн проколов Його бік, кров і вода полилася з тіла Ісуса. В цьому епізоді містяться три значення.

По-перше, він вам показує, що Ісус воплотився як Син Людський. В Євангелії від Івана 1:14 говориться: *"І Слово стало тілом, і оселилося між нами, і ми славу Його бачили — славу Єдинородного від Отця, благодаттю та істиною сповненого."* Бог прийшов в цей світ, вопотившись і Ним був Ісус.

Грішники не можуть бачити Бога, тому що вони гинуть, побачивши Його. Тому Бог не може явно постати перед ними. Ось чому Ісус воплотився і прийшов в цей світ, і демонстрував багато свідчень, щоб ми повірили в Бога.

Біблія говорить вам, що Ісус був такою самою людиною як і ви. В Євангелії від Марка 3:20 читаємо: *"Повертається Він додому, а народ знову там юрмиться, так що вони не мали змоги й попоїсти."* В Євангелії від Матвія 8:24 пише: *"Аж ось зірвалася на морі така велика буря, що хвилі заливали човен. Він же спав."*

Дехто може здивуватися чому Ісус, Син Божий може бути голодним чи терпіти біль. Однак, оскільки Ісус воплотився і складався з кісток та м'язів, Йому треба було їсти і спати. Він також страждав від болю так само як ми.

Той факт, що кров і вода полилася з Його тіла, коли бік пробили списом, переконливо доводить, що Ісус воплотився і прийшов на землю, хоча Він є Сином Божим.

По-друге, це ще один доказ того, що ви також можете стати частиною божественної природи, хоча маєте плотське начало. Бог хоче, щоб Його діти були святими і досконалими, як і Він. Тому говорить: *"Ви будете святі, бо я святий"* (1 Петра 1:16) і *"Тож будьте досконалі, як Отець ваш небесний досконалий"* (Матвій 5:48). Бог також підбадьорює вас кажучи: *"Завдяки їм нам були даровані цінні й превеликі обітниці, щоб ними ви стали учасниками Божої природи, уникнувши зіпсуття, яке пожадливістю розповсюдилось у світі"* (2 Петра 1:4) і *"Плекайте ті самі думки в собі, які були й у Христі Ісусі"* (до Филип'ян 2:5).

Ісус воплотився, прийшов в цей світ і став слугою відповідно до Слова Божого, і повністю виконав Свою місію. Він також виповнив закон з любов'ю, долаючи всі випробування та клопоти, і живучи відповідно до Слова Божого.

Хоча Ісус був такою самою людиною як і ви, Він охоче прийняв всю біль, з терпінням та самоконтролем виконував волю Божу і люблячо, без опору чи нарікань, пожертвував Себе, померши на хресті.

Як тоді ми можемо стати частиною божественної природи з любов'ю Ісуса Христа?

Вам слід вбити в собі грішну природу, яка містить пристрасть та хіть, здобути духовну любов і палко молитися, щоб стати частиною божественної природи і отримати таке саме становище, як і Ісус Христос.

З однієї сторони, плотська любов зосереджується на

самій собі, і з плином часу вона тьмяніє. Люди, які переживають таку любов зраджують один одного і страждають від болі, коли вони не живуть в мирі та злагоді.

З іншої сторони, Бог хоче, щоб ваша любов була довгочасною, щирою та відкритою для всіх. Тому то духовна любов ніколи не змінюється і з кожним днем все більше зростає. Ви можете плекати ті ж думки, що й Ісус відповідно до міри вашої духовної любові і залежно від того, наскільки відкидаєте всяке зло через палку молитву.

Так само кожен може отримати ласку та силу Божу, якщо Він шукає помочі та поради в молитві та пості. Бог також допомагає йому позбутися всякого зла. Ви будете сіяти як сонце в Царстві Небесному, якщо маєте духовну любов, творите дев'ять плодів Святого Духа (до Галатів 5) і перебуваєте в блаженстві (Матвій 5).

По-третє, кров і вода Ісуса, що пролилися, мають достатню силу, щоб привести вас до істинного та вічного життя.

Кров та вода Ісуса була незаплямованою та бездоганною, оскільки Він не мав первородного гріха і не грішив. В духовному сенсі, ця кров і вода мали здатність воскрешати. Через те, що Він пролив Свою святу кров, ваші гріхи очищені і ви можете отримати істинне життя, яке веде до спасіння, воскресіння і вічного життя.

Вода, яка текла з тіла Ісуса, символізує вічну воду, Слово Боже. Ви можете наповнитися правдою, стати справжньою дитиною Божою, щоб розширити своє розуміння Його

Слова і відкинути свої гріхи, живучи відповідно до нього.

Ісус, без жодного згрішення чи провини, відмовився від всіх речей, щоб дати вам вічне життя. За вас Він пролив кров і воду, хоча ви не були кращими від тварин.

Я сподіваюся ви зрозумієте, що врятовані не заплативши нічим і відкинули свої гріхи через палку молитву у вірі, тому можете вести плідне життя в Ісусі Христі.

Розділ 7

Останні сім слів Ісуса на хресті

- Отче, відпусти їм
- Сьогодні будеш зі мною в раю
- Оце, жоно, твій син; Оце мати твоя
- *Елої, Елої, лама савахтані?*
- Я спраглий
- Звершилось!
- Отче, у руки Твої віддаю Свого духа!

Ісус же сказав: "Отче, відпусти їм, не знають бо, що роблять" ... (вірш 34)

А другий, озвавшись, докорив йому й мовив: "Чи не боїшся Бога, ти, що покутуєш ту саму кару? Бо ж ми приймаємо кару, гідну наших учинків, цей же не зробив нічого злого." І додав: "Ісусе! Згадай про мене, як прийдеш у Царство Своє!" Сказав (Ісус) до нього: "Істинно кажу тобі: Сьогодні будеш зі мною в раю". Було вже близько шостої години, і темрява по всій землі настала аж до дев'ятої години ,бо затьмарилось сонце; а й завіса храму роздерлася посередині. Ісус закликав сильним голосом: "Отче, у твої руки віддаю духа мого!" Сказавши це, Він віддав духа. (вірш 40-46)

Луки 23:34, 40-46

Більшість людей з наближенням смерті переосмислюють своє життя. Вони залишають останнє слово родині та друзям.

Так само Ісус воплотився, прийшов в цей світ за задумом Божим, і проголосив сім слів на хресті, коли Він віддав духа. Їх називають "Останніми сімома словами Ісуса на хресті".

Давайте зрозуміємо духовну суть останніх семи слів Ісуса на хресті.

Отче, відпусти їм

Автор Послання до филип'ян так описує Христа. Ісус:

Плекайте ті самі думки в собі, які були й у Христі Ісусі. Він, існуючи в Божій природі, не вважав за здобич свою рівність із Богом, а применшив себе самого, прийнявши вигляд слуги, ставши подібним до людини. Подобою явившись як людина, він понизив себе, ставши слухняним аж до смерті, смерті ж — хресної (до Филип'ян 2:5-8).

Ісус був розіп'ятий, щоб показати Свою любов і покору

Богу, аби мати змогу відкрити шлях спасіння для грішників. Люди, які стояли коло хреста глузували, навіть князі їхні насміхалися, кажучи: *"Інших спасав, нехай спасе себе самого, коли він — Месія Божий, Вибраний!"* (Лука 23:35).

Воїни також насміхалися з Нього, подаючи Йому оцет і кажучи: *"Коли ти Цар Юдейський, спаси себе самого!"* (вірш 37). Один з повішених злочинців зневажав його, кажучи: *"Хіба ти не Христос? Спаси себе і нас!"* (вірш 39)

І як прийшли на місце, що зветься Череп, там його розіп'яли і злочинців, одного по правиці, а другого по лівиці. Ісус же сказав: "Отче, відпусти їм, не знають бо, що роблять". Коли ж ділили його одіж, то кидали жереб (Лука 23:33-34).

Ісус молився Богу, просячи для них прощення: "Отче, відпусти їм, не знають бо, що роблять", і сказавши це Він віддав духа. Ісус молив Отця змилосердитися і простити людей, які не знали, що Ісус, Син Божий, був розп'ятий за відпущення їх гріхів. Можливо вони навіть не усвідомлювали, що їхні дії були гріхами. Це було Його перше слово на хресті.

Ісус люблячо молиться за тих, хто Його розіп'яв

Ісус, Син Божий, молився за тих, хто Його розіп'яв, хоча Він був досконалим та невинним. Якою глибокою і величезною є Його любов! Ісус міг легко зійти з хреста, щоб уникнути розп'яття, оскільки Він є одним цілим із Всемогутнім Богом і має владу, дану Йому Богом Отцем. Проте, Ісус був розіп'ятий для того, щоб виконати задум спасіння відповідно до волі Божої. Тому Христос мав силу знести всі страждання та ганьбу, відчайдушно молитися за людей і простити їх прощення.

Ісус палко молився: "Отче, відпусти їм, не знають бо, що роблять". В цьому випадку "їх" не означає просто тих, хто розіп'яв і насміхався над Ним. Це поняття включає всіх людей, які не прийняли Ісуса Христа і продовжують ходити в темряві. Так само як ті, хто розіп'яв Ісуса Сина Божого, багато людей грішать, тому що вони не пізнали Ісуса Христа і правду.

Ворожий диявол живе в темряві і ненавидить світло, тому він розіп'яв Ісуса, істинне світло. Сьогодні диявол контролює людей, в серцях яких панує темрява і змушує їх переслідувати тих, хто живе в світлі.

Як можна реагувати на тих, хто не пізнав правди?

допомогою перших слів з хреста Ісус навчає вас волі Божої і показує яким має бути християнське ставлення. В Євангелії від Матвія 5:44 говориться: *"А Я вам кажу: Любіть ворогів своїх, благословляйте тих, хто вас проклинає, творіть добро тим, хто ненавидить вас, і моліться за тих, хто вас переслідує."* Тому ми повинні молиться за тих, хто нас переслідує, кажучи: "Отче, відпусти їм, не знають бо, що роблять. Поблагослови їх, так щоб вони також могли пізнати Господа і ми мали змогу зустрітися з ними знову на небесах."

Сьогодні будеш зі мною в раю

Коли Ісуса повішали на хресті, який був високо на Голгофі, *"місце, яке називали Череповище"* (Лука 23:33), двоє злочинців також були розіп'яті там.

Один із злочинців почав Його ображати, проте інший докорив першому, розкаявся і прийняв Ісуса як свого власного Спасителя. Тоді Христос пообіцяв йому, що він буде з Ним в раю. Це друге слово Ісуса на хресті.

А один із розп'ятих злочинців почав зневажати Його й говорити: "Якщо Ти – Христос, то врятуй Себе і нас." А другий, навпаки, докоряв йому і казав: "Чи ти не боїшся Бога, коли й сам на те саме засуджений? Але ми засуджені справедливо, тому що належне за вчиненим дістали; а Він нічогісінько недоброго не вчинив." І сказав до Ісуса: "Згадай мене, Господи, коли прийдеш у Царство Своє!" І сказав йому Ісус: "Поправді кажу тобі, що сьогодні будеш зі Мною в раю." (Лука 23:39-43).

Ісус проголосив Себе Месією, який може прощати грішників, коли вони розкаються і врятувати їх з допомогою Свого другого слова на хресті.

Читаючи чотири Євангелія можна помітити, що відповіді двох злочинців були записані по-інакшому. В Євангелії від Матвія 27:44 говориться: *"Також насміхалися з Нього й розбійники, що з Ним були розп'яті."* В Євангелії від Марка

15:32 читаємо: *"Христос, Цар Ізраїлів, нехай зійде тепер із хреста, щоб побачили ми та й увірували. Навіть ті, що разом із Ним були розп'яті, насміхалися з Нього"* У цих двох Євангеліях написано, що обоє злочинців насміхалися з Ісуса.

Проте, в Євангелії від Луки 23 читаємо, що один злочинець розкаявся у своїх гріхах, прийняв Ісуса Христа і був врятований. Це сталося не тому, що Євангелії не узгоджено один з одним. Натомість, за Божим задумом, Він дозволив авторам Біблії написати по-різному. Божий задум та історичні факти об'єднані в Біблії. Якщо б описувати все детально, то було б недостатньо тисяч Біблій.

Сьогодні, якщо ви щось записуєте відеокамерою, то можете це переглянути пізніше, однак в часи Ісуса не існувало такого обладнання, тому вони навіть не могли зробити одну світлину, хоча це були надзвичайно важливі події. Люди могли тільки записати ці події. За допомогою незначних відмінностей ви можете відчувати і переживати певну ситуацію більш реалістично.

Краще розуміння розп'яття Ісуса

Коли Ісус проповідував Євангеліє, величезна кількість людей слідували за Ним. Дехто хотів послухати Його послання, дехто хотів побачити дива і знаки з неба, інші бажали їжі, ще інші спродали свої статки і послідували за Ісусом.

В Євангелії від Луки 9 Ісус поблагословив п'ять хлібів і дві рибини. Близько п'яти тисяч людей їли ту поживу (Лука 9:12-17). Уявіть собі яка величезна кількість людей, включаючи тих, хто любив чи ненавидів Ісуса, зібралася в місці, де Він був розп'ятий. Натовп оточив хрест, так що воїни списами та щитами перешкоджали їх доступу. Уявіть людей, які стояли колом навколо хреста і вигукували на Ісуса. Натовп знущався з Нього. Навіть один з двох злочинців, які висіли по обидва боки від Христа, глузував з Нього.

Хто міг почути те, що сказав перший злочинець? Найбільш ймовірно, що було дуже гамірно, тому тільки ті люди, які стояли досить близько до Ісуса, могли почути Його слова. Інший злочинець з ненависним виразом обличчя сказав щось Христу. Фактично, він докоряв тому, хто знущався з Ісуса. Однак, хто був далеко з протилежної сторони могли легко подумати, що той злочинець, який докоряв іншому, насправді знущався над Ісусом, який знаходився між ними.

З однієї сторони, в тому шумі та галасі, Матвій і Марко, котрі могли не почути того хто докоряв, безсумнівно подумали, що він також глузував з Ісуса. Тому вони так і написали.

З іншої сторони, Лука добре почув, тому він знав, що один з двох злочинців не знущався з Ісуса, а навпаки розкаявся. Різні письменники знаходилися в різних положеннях, тому і написали різні речі.

Всезнаючий Бог дав їм можливість написати по-різному для того, щоб майбутні покоління могли чітко бачити цю ситуацію.

Місце на небесах для злочинця, який покаявся

Ісус на хресті перед смертю пообіцяв тому злочинцю, який покаявся: "Сьогодні будеш зі мною в раю." Цей вислів має духовне значення.

Небеса, Царство Боже, настільки широке та просторе, що ви собі навіть не можете уявити. Навіть Ісус говорить нам в Євангелії від Івана 14:2: *"В домі Батька Мого багато осель; а коли б не так, Я сказав би вам: Я йду приготувати місце для вас."* Псаломщик переконує нас: *"Хваліть Його, небеса небес і води, котрі вище небес"* (Псалом 148:4). В книзі Єремії 9:6 вихваляється Бог, Котрий створив небеса, навіть небеса небес. В Другому посланні до коринтян 12:2 говориться про *"чоловіка у Христі, котрий чотирнадцять років тому, – чи в тілі – не відаю, чи поза тілом – не знаю: Бог знає, – піднесений був аж до третього неба."* В Одкровенні св. Івана Богослова 21:2 зазначено, що Новому Єрусалимі знаходиться Божий престол.

Так само існує багато осель на небесах. Проте, вам не дозволено жити в тому місці, яке ви обрали. Справедливий Бог винагороджує кожного відповідно до того, що він зробив на землі: наскільки ви наслідуєте Господні діла і працюєте задля Царства Божого і на що заслужили на небесах (Матвій 11:12; Одкровення 22:12).

В Євангелії від Івана 3:6 читаємо: *"Народжене від плоті є плоть, а народжене від Духа є дух."* Залежно від того, наскільки людина позбувається плотських речей і стає духовною особою, оселі на небесах будуть поділені на групи за таким самим духовним рівнем.

Звичайно ж, кожне місце на небесах є надзвичайно прекрасним, тому що ним править Бог. Проте, навіть в межах неба існують відмінності. До прикладу, спосіб життя, захоплення, життєві стандарти і таке подібне у великому місті суттєво відрізняються від того самого, але в сільській місцевості. Так само, святе місто, Новий Єрусалим, є найбільш славним місцем на небесах, де знаходиться Божий престол і де будуть мешкати діти, які найбільше слідують Його бажанням.

Проте, Рай це місце, де живе злочинець, який покаявся в останню хвилину своєї смерті на хресті і яке знаходиться на околицях небес. Багато інших, хто отримав ганебне спасіння, будуть тут жити. Ці люди пізнали Ісуса Христа, проте не доклали зусиль, щоб змінитися духовно.

Чому злочинець, який покаявся потрапив до Раю?

В своєму серці він визнав, що був грішником і прийняв Ісуса Христа як Спасителя. Однак, не позбувся гріхів, не жив відповідно до Слова Божого і не проповідував Євангеліє іншим. Він не працював на славу Господню, нічого не робив, щоб отримати будь-яку небесну винагороду. Тому він ввійшов до Раю, найскромнішого місця на небесах.

Спуск Ісуса у потойбіччя

Хоча Ісус пообіцяв злочинцю: "Сьогодні будеш зі мною в раю", це не означає, що Ісус на небесах живе тільки в Раю. Ісус, Цар над Царями і Пан над панами, править і живе з дітьми Божими усюди на небесах, включаючи Рай і Новий Єрусалим. В такому відношенні Він живе в Раю, так само, як і в інших місцях на небі.

Коли Ісус сказав врятованому злочинцю: "Сьогодні будеш зі мною в раю", "сьогодні" не просто позначає особливий день, коли Ісус помер на хресті чи будь-який особливий день. Христос згадав, що Він перебуватиме з злочинцем, який покаявся, де б той не був з моменту як він став дитиною Божою.

Коли ви звернетеся до Біблії, то побачите, що Ісус не потрапив в Рай після Своєї смерті. В Євангелії від Матвія 12:40 Ісус розповідає деяким фарисеям про те, що *"як Йона був у череві кита три дні і три ночі, так і Син Людський буде в серці землі три дні і три ночі."* В Посланні до ефесян 4:9 читаємо: *"А 'вийшов', що означає, як не те, що Він також сходив передніше до найнижчих місцин землі?"*

До того ж, в Першому соборному посланні св. апостола Петра 3:18-19 говориться: *"Тому що Христос також одного разу постраждав за гріхи наші, аби привести нас до Бога, праведник за неправедних, був убитий у плоті, проте ожив духом, яким Він, зійшовши, проповідував духам в ув'язненні."* Ісус спустився у потойбіччя і проповідував духам добру вість перед тим, як воскреснув на третій день. Чому це було обов'язково?

Перед тим, як Ісус прийшов в цей світ, багато людей в часи Старого Заповіту і навіть в часи Нового Заповіту не мали можливості почути благу вість, але вони жили в доброті, приймаючи Бога. Чи це означає, що всі вони опинилися в пеклі тільки тому, що не знали хто такий Ісус?

Бог послав Свого єдиного Сина в цей світ і хто приймає Його, буде врятований. Бог не почав би культивувати людей, щоб врятувати тільки тих, хто прийняв Ісуса після Його розп'яття. Ті, хто не мали можливості почути благу вість, але сумлінно жили будуть судитися відповідно до своєї совісті.

З одного боку, ті добрі серцем люди таким чином збираються у потойбічні. З іншої сторони, пекло це місце, де мають жити злі душі до Судного дня. Після Його розп'яття, Ісус опустився у потойбіччя і проповідував благу вість духам, які не знали її, але совісно жили і заслуговують бути врятованими.

Під небом нема іншого імені, даного людині, яким ми мали би спастися, лише Ісус Христос. Ось тому Ісус йшов і проповідував духам про Себе, так щоб вони могли прийняти Його і бути врятованими.

Біблія каже, що духи, врятовані перед розп'яттям Ісуса, віднесені на лоно Авраамове (Лука 16:22), але після воскресіння Христа перенесені на Його лоно.

Спасіння відповідно до Суду совісті

Перед тим, як Ісус прийшов в цей світ, щоб поширювати благу вість, добрі люди жили, слідуючи праведності своїх сердець. Це закон совісті. Добрі люди не чинили зла, навіть якщо вони потрапляли в халепу і стикалися з труднощами, тому що дослухалися до голосу своїх сердець.

В Посланні до римлян 1:20 читаємо: *"Бо невидиме Його,*

вічна сила Його і Божество, від створення світу через розгляд творінь видимі, аж так, що їм (цим людям) немає виправдання."

Споглядаючи всесвіт та наскільки все на землі гармонійно, люди з добрими серцями вірять, що існує вічне життя. Тому вони не підкоряються своїй грішній природі і в страху Божому контролюють себе, щоб не насолоджуватися земними втіхами.

В Посланні до римлян 2:14-15 читаємо: *"Бо коли погани, що не мають Закону, за природою законне чинять, то, не маючи Закону, вони самі собі закон. Вони показують, що справа закону в них написана в серцях, про що засвідчує їхня совість і думки їхні, то звинувачуючи, то виправдовуючи одна одну."*

Бог дав закон тільки ізраїльтянам, а не поганам. Незважаючи на це, погани живуть за законом, коли дотримуються закону своїх сердець, своєї совісті, і цей закон вони самі здобули і шанують його. Не можна сказати, що ті, хто не вірять в Ісуса Христа не можуть бути врятованими, тому що ніколи в своєму житті не чули благої вісті.

Серед тих, хто помер, так і не пізнавши Ісуса Христа, є люди, які можуть себе контролювати і не допускати злих думок, бо серця в них чисті. Ці люди будуть врятовані відповідно до Божого суду їхньої совісті.

Оце, жоно, твій син; Оце мати твоя

Апостол Іван описав те, що він бачив і чув з хреста, на якому висів Ісус. Під ним стояли багато жінок, включаючи Марію, Ісусові матір; Саломію, сестру Його матері; Марію, жінку Клеопа; і Марію Магдалину. В Євангелії від Івана 19:26-27 Ісус каже своїй засмученій матері Марії дбати про Івана як про свого сина і наказує апостолу піклуватися про неї як про рідну матір:

Ісус побачив Матір та учня, що стояв поблизу, котрого любив, і сказав матері Своїй: "Жоно! Ось син твій!" Потім сказав учневі: Ось, Матір твоя! І від тієї години учень той узяв її до себе в дім.

Чому Ісус назвав Марію "жоною", а не "матір'ю"?

Ісус не сказав слово "мати", його ввів апостол Іван відповідно до своїх поглядів. Чому тоді Христос назвав Свою власну матір, яка народила Його, "жоною"?

Коли ви звернетеся до Біблії, то побачите, що Ісус не називав її "матір'ю".

До прикладу, в Євангелії від Івана 2:1-11 Ісус вчинив своє перше диво після того, як Він приступив до виконання Своїх духовних обов'язків, перетворивши воду на вино. Це чудо сталося на весіллі в Кані галілейській. Ісус та Його апостоли також були запрошені на весілля. Коли вино закінчилося, Марія сказала Йому: "Вина у них немає", тому що вона знала, що Син Божий Ісус міг перетворити воду на вино. Тоді Ісус відповів їй: *"Жінко, що Я маю учинити для тебе? Ще не прийшла Моя година"* (вірш 4).

Ісус відповів, що ще не настав час, щоб Він показав Себе як Месія, хоча Марія жаліла гостей, тому що в них не залишилося вина. Те, що Ісус перетворив воду на кров духовно означає, що Він проллє свою кров на хресті.

Ісус об'явив, що прийде в цей світ як наш Спаситель, виконуючи на хресті божественний задум людського спасіння. Тому Він назвав Марію "жоною", а не "матір'ю.

Сьогодні, багато дітей Божих ставляться до Марії, як до Ісуса, тобто вважають її "святою матір'ю" чи навіть роблять її фігурки та поклоняються їй. Вам слід зрозуміти, що це цілком неправильно, тому що вона не є матір'ю нашого Спасителя (Вихід 20:4).

Небесне громадянство

Ісус втішав Марію, яка дуже горювала через Його розп'яття і сказав Своєму улюбленому апостолу Івану доглядати Марію як свою власну матір. Хоча Спаситель страждав від величезної болі на хресті, Він все ще турбувався про те, що буде з Марією після Його смерті. Тут можна відчути Його любов.

Через третє слово Ісуса на хресті, ми можемо усвідомити, що ми всі є братами і сестрами в вірі, тобто сім'єю Божою. В Євангелії від Матвія 12 описується сцена, в якій сім'я Ісуса приходить, щоб Його побачити. Коли Йому кажуть, що

Його мати та брати стоять надворі, Він відповідає натовпу:

А Він сказав у відповідь тому, що озвався: Хто Матір Моя, і хто брати Мої? Він показав рукою Своєю на учнів Своїх і сказав: Ось матір Моя і брати Мої; Бо хто буде виконувати волю Батька Мого Небесного, той Мені брат, і сестра, і матір. (Матвій 12:48-50)

Коли ваша віра росте після прийняття Ісуса Христа, міра громадянства на небесах стає чіткішою і ви починаєте більше любити своїх братів і сестер в Христі, аніж біологічних членів своєї сім'ї. Якщо члени вашої сім'ї не є дітьми Божими, то вона не може існувати вічно по своїй суті. Стосунки в межах сім'ї закінчуються з приходом смерті. Якщо члени сім'ї не вірять в Ісуса Христа чи не живуть за волею Божою, а стверджують що вірять в Бога, вони опиняться в пеклі, тому що смерть є відплатою за гріхи (Матвій 7:21).

Ваша видима плоть перетворюється на порох після смерті, проте ви маєте безсмертний дух. Якщо Бог забере ваш дух, то станете простим трупом, який скоро зігниє. Бог Творець створив першого чоловіка з пороху і вдихнув життя в його ніздрі, тому дух став безсмертним. Це Бог дає життя вашому безсмертному духу і створює плоть, яка перетвориться на порох. Тому Він є вашим справжнім Батьком.

В Євангелії від Матвія 23:9 говориться: *"І батьком собі не називайте нікого на землі, бо один у вас Батько, Котрий на небесах."* Це не означає, що ви не повинні любити невіруючих в своїй сім'ї. Дуже важливо щоб ви справді любили їх, проповідували їм благу вість і вели до прийняття Ісуса Христа.

Елої, Елої, лама савахтані?

Ісуса розіп'яли на хресті о третій годині, і з шостої години темрява огорнула всю землю аж до дев'ятої години, коли Він віддав духа. Якщо подивитися з сучасної точки зору, Його розіп'яли о дев'ятій годині ранку і три години по тому, в полудень настала темрява по всій землі і це тривало до третій голині по полудні.

> *О шостій годині лягла пітьма на всю землю і [тривала] до години дев'ятої. О дев'ятій годині озвався Ісус дужим голосом: "Елі, Елі, лама савахтані?" – що означає в перекладі: "Боже Мій, Боже Мій! Нащо Ти покинув Мене?"(Марко 15:33-34).*

Шість годин по тому, в дев'ятій годині, Ісус вигукнув до Бога: "Елі, Елі, лама савахтані?" Це четверте слово Ісуса на хресті.

Він був виснажений, оскільки висів на хресті шість годин, а кров і вода Його лилася під пекучим сонцем пустелі. Ісус був сильно виснажений. Чому ж тоді Він вигукнув?

Кожне з семи слів Ісуса на хресті має духовне значення. Якщо б вони не були виразними, то були б непотрібними. І ці сім слів було записано в Біблії, щоб кожен міг зрозуміти волю Божу.

Тому, Він викрикнув всі сім слів на хресті з зусиллям, щоб ті, хто стояли навколо могли їх чітко почути і записати.

Дехто стверджує, що Ісус вигукнув до Бога з обуренням, тому що Христос воплотився і прийшов в цей світ і безкорисно терпів величезну біль. Проте, це абсолютна неправда.

Чому Ісус вигукнув: *Елої, Елої, лама савахтані (Боже Мій, Боже Мій, Нащо Мене Ти покинув)?*

Він спустився на землю щоб знищити творіння диявола і відкрити для нас двері спасіння.

Тому, Ісус слухався волі Божої аж до самої смерті і повністю пожертвував Себе. Перед Його розп'яттям, Він молився палкіше і Його піт, як краплі крові падали на землю (Лука 22:42-44). Він ніс Свій тягар, дуже добре знаючи які старання має терпіти на хресті.

З Ним погано поводилися і Він зносив страждання на хресті, тому що Ісус знав Божий задум людського спасіння. Як тоді Він міг обурюватися, зіткнувшись з смертю? Його вигук не був ознакою горя чи докору Богу. Ісус мав причини, щоб так вичинити.

Перше, Ісус хотів оголосити світу, що Його було

розіп'ято задля спасіння грішників.

Ісус хотів, щоб всі зрозуміли, що Він покинув Свою славу на небесах і Бог нехтував Ним, хоча Ісус був єдиним Сином Божим. Христос викрикнув, щоб всі знали, що Він страждав від величезної болі на хресті, щоб звільнити грішників від гріха. Біблія показує, що Він називав Бога "мій Отець", але на хресті Ісус сказав "мій Боже". Це через те, що Христос взяв хреста від імені грішників, які не можуть називати Бога Отцем.

В той час Бог відкидав Ісуса як грішника, який ніс всі гріхи за людей, і тому Христос не міг назвати Йог "Отцем". Так само ви називаєте Бога "Авва Отче" коли справді любите Його, але коли ви віддалені від Бога через те, що чините гріхи чи маєте слабку віру, то називаєте Його Богом, в не Отцем.

Бог хоче, щоб всі люди стали Його справжніми дітьми, котрі можуть називати Його Отцем, прийнявши Ісуса Христа та живучи в світлі.

Друге, Ісус хотів попередити людей, які не знали волі Божої і продовжували жити в темряві.

Бог послав Свого єдиного Сина Ісуса Христа в цей світ і дозволив, щоб з Нього знущалися і розіп'яли Його власні створіння. Ісус знав чому Бог відкидав Свого Сина, але натовп, який розіп'яв Його не знав волі Божої. Він викрикнув: "Боже мій, Боже мій чому ти мене покинув?", щоб нерозуміючі осягнули Божу любов, покаялися і мали змогу стати на шлях спасіння.

Я спраглий

В Старому Заповіті містяться багато пророцтв про страждання Ісуса на хресті. В Псалмі 69:21 говориться: *"І поклали мені в страву полину, і в спрагу мою напоїли мене оцтом."* Як передбачено в Псалмі, коли Ісус сказав: "Я спраглий", люди вмочили губку в оцет, поклали її на ісоп і піднесли до губ Ісуса.

> *Після цього Ісус, відаючи, що все вже звершилося, щоб справдилося Писання, сказав: Спраглий Я. Тут стояла посудина, повнісінька оцту. Вояки наповнили губку оцтом, поклали на ісоп і піднесли до Його уст (Іван 19:28-29).*

Задовго до того, як Ісус народився в Вифлиємі, псалміст побачив в видінні, що Він буде розп'ятий і помре на хресті, і описав це. Ісус сказав: "Я спраглий", щоб виконалося Писання.

Давайте обдумаємо духовне значення п'ятого слова Ісуса на хресті: "Я спраглий".

Ісус визнає свою духовну спрагу

Багато людей можуть терпіти голод, але не спрагу. Ісус був повністю виснажений, тому що Він висів, прибитий цвяхами до хреста шість годин і стікав кров'ю під палючим сонцем пустелі. Важко собі уявити наскільки Він хотів пити.

Ісу сказав: "Я спраглий" не тому, що не міг витримати

Свою спрагу. Він знав, що дуже швидко в мирі повернеться до Бога.

Фактично, Христос зносив більшу біль від духовної спраги, а не від фізичної. Це було могутнє звернення Ісуса до Божих дітей: "Я спраглий, бо я пролив Свою кров. Втамуйте мою спрагу, заплативши за мою кров."

Дві тисячі років минуло від часу смерті Ісуса на хресті, але Він все ще повторює нам, що спраглий. Його спрага була від втрати крові. Христос пролив Свою кров, щоб простити ваші гріхи і дати вам вічне життя.

Ісус каже вам, що Він спраглий, щоб показати Свою готовність врятувати втрачені душі. Тому, Божі діти, врятовані кров'ю Ісуса повинні відплатити за Його кров.

Ви мусите відплатити, молячись за Його кров і тамуючи спрагу Ісуса. Також ви маєте вести людей на незвідану їм стежину до небес, а не до пекла.

Тому, вам слід бути вдячними Ісусу, Який пролив Свою кров і зараз втамовувати Його спрагу, ведучи людей до шляху спасіння.

Звершилось!

В Євангелії від Івана 19:30 Ісус, скуштувавши оцту, сказав: *"Звершилось!"*, і схиливши голову, віддав духа. Він не відвернувся від губки, яка була прикріплена до ісопу. Це не було тому, що Він був надто спраглий. Цей вчинок має духовне значення.

Ісус воплотився і прийшов в цей світ, щоб бути розіп'ятим на хресті за гріхи людей. Зі Своєї великої любові до нас, Він виконав закон Старого Заповіту і від імені людей ніс всі їхні гріхи і прокляття. В часи Старого Заповіту люди приносили Богові в жертву кров тварин, коли вони грішили. Проте, Ісус раз і назавжди приніс жертву за гріхи всіх часів, проливши Свою кров (до Євреїв 10:11-12). Тому всі ваші гріхи прощаються, коли ви приймаєте Ісуса Христа, тому що Він вже врятував вас. Через Ісуса Христа Бог послав на нас спокутну ласку, яка означає нове вино, і Він випив вино оцет, щоб дати нам нове вино.

Духовне значення слова "З вершилось"

Ісус сказав: "Зершилось", і віддав Свого духа. Що це означає в духовному плані?

Ісус воплотився, прийшов на землю, проповідував Євангеліє, зцілював всі хвороби і недуги, і відкрив шлях спасіння, несучи хрест за всіх, хто мав померти.

Він з любов'ю виконав закон Старого Заповіту, тому що пожертвував Себе аж до смерті. Також Він одержав перемогу над дияволом, повністю зруйнувавши його діяння. Це означає, що Ісус виконав божественний план людського спасіння. Тому то Він сказав на хресті: "Зершилось!"

Бог хоче, щоб діти Божі виконували все, живучи відповідно до волі Божої, там само як Його єдиний Син Ісус виконав задум спасіння, слухаючи Отця аж до самої смерті, і жертвуючи Своє життя відповідно до волі і задуму Божого.

Проте, спершу вам слід наслідувати Господню любов, здобуваючи духовну любов: несучи дев'ять плодів Святого Духа (до Галатів 5:22-23) і виконуючи заповіді блаженства (Матвій 5:3-10). Далі маєте бути відданими служінню, даному вам Господом. Ви повинні вести якнайбільше людей до Ісуса Христа, палко молячись, проповідуючи Євангеліє і служачи церкві.

Я сподіваюся, що кожен з вас, Божих дорогоцінних дітей, з твердою вірою подолає спокуси цього світу, буде надіятися на небеса і любов Божу і визнаватиме: "Звершилось", слухаючи Бога і виконуючи Його волю, так як це робив наш Господь Ісус Христос.

Отче, у руки Твої віддаю Свого духа!

До того часу, як Ісус вимовив своє останнє слово на хресті, Він був повністю виснажений. При таких обставинах Христос закликав сильним голосом: "Отче, у твої руки віддаю Свого духа!"

Ісус закликав сильним голосом: "Отче, у твої руки віддаю духа мого!" Сказавши це, Він віддав духа (Лука 23:46).

Ви можете помітити, що Ісус назвав Бога "Отець", а не "Мій Бог". Це означає, що Христос завершив Свою місію спокутної жертви.

Ісус віддав Богу Свій дух і душу

Чому Ісус, який прийшов на землю як наш Спаситель, віддав Свій дух і душу в руки Свого Отця?

Людина складається з духу, душі та тіла (1 до Солунян 5:23). Коли вона вмирає, її дух і душа покидають тіло. Якщо людина є дитиною Божою, то її дух і душа повернуться до Бога. Інакше вони підуть в пекло (Лука 16:19-31). А тіло ховають і воно перетворюється в попіл.

Ісус, Син Божий, воплотився і прийшов в цей світ. Так само як і ми, Він мав дух, душу та тіло. Коли Його розіп'яли, тіло вмерло, але не дух і душа; Він віддав Свій дух і душу в руки Бога.

Коли ви помираєте, Бог отримує ваш дух і душу. Якщо Бог отримує тільки дух без душі, то ви ніколи не відчуєте справжнього щастя на небесах і не будете вдячними від всього свого серця. Чому? Ви не будете пам'ятати речей, які породжує ваша душа, такі як сльози, смуток, страждання та все решту, що ви зносили на цій землі. Тому Бог отримує і дух і душу.

Чому тоді Ісус віддав Богу Свій дух і душу? Тому що Бог є Творцем, який править всім у світі і дбає про ваше життя, смерть, прокляття і благословення. Тому все належить Богу і знаходиться під Його владою. Тільки Бог відповідає на ваші молитви. Тому Сам Ісус мав молитися, щоб віддати Свій дух і душу Богові Отцю (Матвій 10:29-31).

Ісус молився гучним голосом

Чому Ісус молився гучним голосом кажучи: "Отче, у руки Твої віддаю Свого духа", хоча Він зносив величезні страждання.

Тому що Він хотів, щоб люди це почули і знали, що волею Божою було викликувати в молитві. Його молитва, коли Ісус віддав Свій дух Богу, була такою ж палкою, як і молитва в Гетсиманському саду незадовго до смерті.

Також молитва Ісуса: "Отче, у руки Твої віддаю Свого духа" доводить, що Христос все виконував відповідно до волі Божої. Це означає, що зараз Він міг гордо віддати Свого духа Богу після того, як в повній покорі Богу виконав Своє служіння.

Апостол Павло визнавав: *"Я боровся вперто й терпляче, діяння звершив, віру зберіг. А зараз готується мені вінець правди, котрого мені дасть Господь, праведний Суддя, того дня, і не лише мені, але також усім, хто полюбив з'явлення Його."* (2 до Тимофія).

Диякон Стефан також жив відповідно до волі Божої і відстоював свою віру. Тому, коли він звів свій осатаній подих, міг молитися: *"Господи Ісусе, прийми дух мій"* (Діяння 7:59). Апостоли Павло та Стефан не могли так молитися, якщо б вони жили земним життям, в гонитві за насолодами, і не боролися з грішною природою.

Так само, ви можете гордо сказати: "Звершилось" і "Отче, у руки Твої віддаю Свого духа", як це зробив Ісус, якщо жили відповідно до волі Бога Отця.

Що сталося після смерті Ісуса?

Ісус помер на хресті після того, як гучним голосом сказав Свої останні слова. Була дев'ята година (третя година по полудні). Хоча був день, темрява по всій землі настала з шостої години дня до дев'ятої і завіса храму роздерлася надвоє (Лука 23:44-45).

I роздерлася завіса храму надвоє, від верху аж до низу, і земля затряслася, скелі порозпадались; гроби відкрилися, багато тіл святих померлих устали, і вийшовши з гробів по його воскресінні, ввійшли у святе місто й багатьом з'явились (Матвій 27:51-53).

Фраза "роздерлася завіса храму надвоє, від верху аж до низу" має важливе духовне значення. Довга завіса в храмі мала розділяти Святилище від Святого святих. Ніхто крім священика не міг входити до Святилища, і тільки первосвященик міг раз в рік ввійти в Святеє святих.

Те, що завіса храму розірвалася означає, що Ісус приніс Себе як спокутну жертву, щоб знищити стіни гріха. Перед тим, як завіса розірвалася надвоє, первосвященик приніс спокутну жертву від імені людей і, як посередник, передав її Богу.

Ви можете мати прямий зв'язок з Богом, тому що стіни гріха були зруйновані через смерть Ісуса. Це означає, що той хто вірить в Ісуса Христа може ввійти в святий храм, поклонятися і молитися Богу без посередництва священиків чи пророків.

Тому автор Послання до євреїв зазначає: *"Отож, брати, маючи завдяки крові Ісуса свобідний вступ до святині, який він нам відкрив дорогою новою і живою, через завісу, що є його тілом"* (до Євреїв 10:19-20).

До того ж, земля затряслася і скелі порозпадались. Всі ці неприродні події говорять, що вся природа в світі затряслася. Це було знаком Божого горя, яке породила гріховність людей. Бог показав, що Він був глибоко вражений, тому що серця людей були занадто черстві, щоб прийняти Ісуса Христа, хоча Той віддав Свого єдиного Сина задля їхнього спасіння.

Гроби відкрилися і багато тіл померлих святих встали. Доказом воскресіння є те, що хто вірить в Ісуса Христа, прощений і отримує нове життя.

Тому, я сподіваюся, що ви зрозумієте духовне значення і любов Господа через Його останні сім слів на хресті, для того щоб мати змогу вести переможне християнське життя, прагнучи побачити з'явлення Ісуса і прабатьків віри.

Розділ 8

Істинна віра і вічне життя

- Яка це незбагненна таємниця!
- Хибні віросповідання не ведуть до спасіння
- Тіло і кров Сина Людського
- Прощення досягається тільки просвітленим життям
- Дієва віра є істинною

Хто тіло моє їсть і кров мою п'є, той живе життям вічним, і я воскрешу його останнього дня. Бо тіло моє — їжа правдива, і кров моя — правдивий напій. Хто споживає тіло моє і кров мою п'є, той у мені перебуває, а я — в ньому. Як мене Отець живий послав, і я Отцем живу, так і той хто споживає мене, житиме мною.

Івана 6:54-57

Ми віримо в Ісуса Христа і відвідуємо церкву, щоб в кінці здобути вічне життя. Проте, багато людей думають, що вони будуть врятовані якщо просто ходитимуть до церкви по неділях і казатимуть, що вірять в Ісуса Христа, а насправді не будуть жити відповідно до Слова Божого.

Звичайно, ви не можете увійти в небеса чи бути виправданими просто видимо дотримуючись закону, особливо коли ваше серце повне злості, як говориться в Посланні до галатів 2:16: *"Однак, дізнавшися, що людина виправдовується не справами закону, а лише вірою в Ісуса Христа, ми також увірували у Христа Ісуса, щоб виправдатися вірою у Христа, а не справами закону; бо справами закону не виправдається жодна плоть"*. Ви не матимете зв'язку з Ісусом Христом, якщо будете продовжувати грішити і порушувати Слово Боже, навіть якщо вже вивчили його.

Тому вам слід усвідомити, що важко бути врятованим просто заявляючи про свою віру вустами. Кров Ісуса Христа очищує вас від гріхів, щоб врятувати тільки коли ви ходите в світлі і живете в правді. Ви повинні мати істинну віру, яку підтверджують ваші вчинки (1 Івана 1:5-7).

Тепер детально обміркуємо як отримати істинну віру, щоб одержати повне спасіння і вічне життя як справжні діти Божі.

Яка це незбагненна таємниця!

В Посланні до ефесян 5:31-32 читаємо: *"А тому хай покине чоловік свого батька і свою матір, і пристане до своєї жінки, і вони обоє будуть одне тіло. Це велика тайна, а я говорю про Христа і Церкву."*

Загальновідомо, що люди, ставши дорослими, залишають своїх батьків і єднаються з своїм чоловіком чи жінкою. Чому тоді Бог каже, що це незбагненна таємниця? Якщо ви буквально розтлумачите і зрозумієте цей вірш, не знатимете що означає ця "незбагненна таємниця", але якщо усвідомите духовне значення, що криється за нею, то вас наповнить радість.

Слово "церква" позначає дітей Божих, які прийняли Святий Дух. Тобто, Бог порівняв відносини між Ісусом Христом і віруючими з єднанням чоловіка і жінки.

Як ви можете покинути світ і поєднатися з вашим Нареченим Ісусом Христом?

Якщо ви увіруєте в Ісуса Христа

З часу, коли перший чоловік Адам згрішив, не послухавшись Бога, гріх ввійшов в цей світ. Всі його нащадки стали рабами гріха і дітьми ворожого диявола, який править цим світом.

Перед прийняттям Ісуса Христа, ви належали цьому світу і ворожому диявому, який має владу над цим світом темряви. Це будо підтверджено в Євангелії від Івана 8:44, де читаємо:

"Диявол вам батьком, то ж волите за волею батька вашого чинити. А був він душогубець від початку, і правди він не тримався, бо правди нема в ньому. Коли говорить брехню, зо свого говорить, бо він брехун і батько лжі" і в Першому соборному посланні св. апостола Івана 3:8, де читаємо: *"Хто чинить гріх, той від диявола, бо диявол грішить від початку."*

Проте, коли ви приймаєте Ісуса Христа як вашого Спасителя і живете в світлі, то отримуєте владу як дитина Божа і звільняєтеся від гріхів, тому що через кров Ісуса Христа вам прощаються гріхи.

Якщо ви вірите, що Ісус Христос звільнив вас від гріхів, несучи Свій хрест, Бог посилає вам дар Святого Духа, і Святий Дух породжує дух у вашому серці. Святий Дух показує і навчає волі Божій, щоб ви діяли і жили в правді.

Тоді ви стаєте дитиною Божою, яку веде Дух Святий, і кажете до Нього: "Авва! -Отче!" (до Римлян 8:14-15) і успадкуєте Царство Небесне.

Як чудово і загадково є те, що діти диявола, котрі колись мали потрапити у владу вічної смерті, стали дітьми Божими, віра яких веде їх в небеса.

Коли ви поєднані з Ісусом Христом, маючи віру в Нього, Святий Дух сходить в ваше серце і єднається з сім'ям життя. Бог створив першого чоловіка з пороху і вдихнув дихання життя в його ніздрі. Дихання життя це сім'я життя, саме життя. Тому воно не може вмерти і передалося нащадкам через сперматозоїди і яйцеклітини від одного покоління до іншого.

Сім'я життя огорнене любов'ю. Після того як Бог створив Адама, Він вселив життєвий досвід, духовне знання в його серце. Щоб новонароджена дитина здобула знання, аби бути культурною людиною, мати свій характер і жити серед людей, їй потрібен життєвий досвід, щоб стати дійсно живою істотою, хоча вона вже сама по собі є живою.

Адам в свій час був наповнений тільки знанням духа, тобто правдою. Проте після того, як він не послухався Бога, спілкування з Ним припинилося. Тоді Адам помаленьку почав втрачати духовне знання і в його серці поселилася неправда.

З того часі і надалі, серце, яке було наповнене правдою почало наповнятися двома речами: правдою і неправдою. До прикладу, Адам мав любов в своєму серці, але ворожий диявол укорінив в ньому неправду, яка називається ненавистю. В результаті цього, як можна побачити з книги Буття 4, Каїн, син Адама, зачатий після вчинення первородного гріха, вбив свого брата Авеля через ненависть і заздрість.

З часом, інша частина почала розвиватися в серці, яке було наповнене правдою і неправдою. Ця частина називається "природою". Ви успадкували риси зовнішності та характеру від ваших батьків. В пам'яті ви тримаєте те, що бачили, чули і вивчили, так само як свої почуття. З цих двох речей формується "природа" в гонитві за правдою.

Цю природу часто називають "совістю" і вона формується по-різному, залежно від того яких людей ви зустрічаєте, які книги читаєте, в якому оточенні вас виховали. До прикладу, беручи до уваги певну подію чи людину, дехто каже: "Це зло", в той час як інші можуть сказати: "Це добро" чи "Це добре".

Тому, коли ви аналізуєте свій внутрішній світ, в ньому є правдива частина, яка належать Богу, неправдива частина, дана Сатаною. Єство кожної людини складається з цих двох частин.

Святий Дух поєднаний в серці з сім'ям життя

В Адама ці три частини огортали сім'я життя, яке в серці було дано Богом. Цей стан настав, коли слова Бога: "Ви напевно помрете" були виконані після того, як Адам з'їв плід з дерева пізнання добра і зла. Навіть якщо ви маєте сім'я життя, воно не відрізняється від мертвого, якщо не діє.

До прикладу, коли ви сієте насіння на полі, не все пускає паростки, тому що деяке вже є мертвим. Проте, якщо насіння живе, звичайно воно буде рости.

Так само і в людей. Якщо сім'я життя, дане Богом, повністю мертве, воно не може відновитися, і Бог не мусить готувати Ісуса Христа для спасіння людей чи створювати небо чи пекло.

Проте, сім'я життя, дане людині коли Бог вдихнув дихання життя в неї, є безсмертним. Коли ви приймаєте Євангеліє, сім'я життя відроджується; чим більшою є правдива частина в вашому серці, тим легше вам прийняти благу вість. Той, хто слухає послання хреста і приймає Ісуса Христа, отримує Святий Дух. Тому в цьому випадку Святий

Дух поєднаний в серці з сім'ям життя.

І навпаки, люди, в яких свідомість ніби обпалена розігрітим залізом, не мають місця для прийняття Євангелії, тому що серце неправди повністю охоплює і приховує сім'я життя в їхньому серці. Сім'я життя, яке було мертве, здобуває силу для того щоб діяти, коли воно об'єднане з Божою всемогутньою силою, Святим Духом.

Щоб стати духовною людиною

Під час богослужіння, усвідомте Слово Боже і моліться. Божа ласка і величезна сила спуститься на вас і дасть вам змогу слідувати природі Святого Духа.

Таким чином ваше серце і дух стануть одним цілим, оскільки серце стане все правдивішим, з нього зникне направда і воно наповниться правдою. Якщо серце людини повністю наповнене духовним знанням і правдою, воно само стає духом, так само як це було в першого чоловіка Адама.

Навіть якщо ви виглядаєте праведно, якщо не молитеся, то чините відповідно до вашої природи. Святий Дух в вас не може породити дух і ви залишаєтеся плотською людиною. Більше того, не зможете наслідувати природу Святого Духа, якщо не знищите свої власні думки та переконання, навіть якщо ви молитеся дуже старанно чи довго. Тому, не можете стати духовною людиною.

Святий Дух дає вам змогу думати відповідно до правди у вашому серці. Це означає, що ви живете відповідно до бажань Святого Духа. Відповідно, Сатана діє так само, щоб привести вас до шляху погибелі, спокусивши вас переслідувати плотські думки, так як ви все ще маєте неправду в своєму серці.

Тому вам слід позбутися як плотських думок, так і самовдоволеності, як говориться в Другому посланні до коринтян 10:5: *"Ми руйнуємо задуми і всяку гордість, що повстає проти спізнання Бога, і беремо в полон усякий розум на послух Христові."*

Коли ви слухаєтеся Слова Божого, кажучи: "Так" і слідуєте за спонуками Святого Духа, ваше серце може бути наповнене тільки правдою і тоді можете стати ідеальною посвяченою духовною людиною.

Ви можете отримати все, про що попросите

Ви станете одним цілим з Господом, коли відкинете всі неправди, зруйнуєте "самовдоволення", даючи щоб Святий Дух породив дух і зробив ваше серце таким чистим, як серце нашого Господа Ісуса Христа.

Чоловік і жінка стають одним тілом і дають життя дитині шляхом злиття сперматозоїда і яйцеклітини. Так само, коли ви покинете цей світ і станете одним цілим з Ісусом Христом, вашим нареченим, прийнявши Його, то породите дух разом з Святим Духом і щедро отримаєте благословення будучи дитиною Божою.

Як сказано в Посланні до римлян 12:3, існує міра віри і ви будете отримувати відповіді згідно з мірою віри, як Бог наділив кожному. В Першому соборному посланні св.

апостола Івана 2:12 і в наступних віршах зростання віри порівнюється з процесом росту людей.

Ті, хто приймають Ісуса Христа, отримують Святого Духа і є врятованими, мають віру як малі діти (1 Івана 2:12). Ті, хто намагаються застосувати правду в дії мають віру дітей (1 Івана 2:13). Коли вони виростають і справді дієво застосовують віру, то мають віру юнаків (1 Івана 2:13). Коли вони ще більше виростають, то мають віру батьків (1 Івана 2:13).

Коли ви в Старому Заповіті читаєте про Йова, то дізнаєтеся, що Бог визнав його як безневинну і чесну людину, але коли Сатана кинув йому виклик, Він дозволив Сатані випробовувати Йова. Спочатку, Йов наполягав на тому, що був праведним. Проте, він скоро зрозумів свою гріховність і розкаявся перед Богом, коли зло в його природі виявилося під час випробування. Самовдоволення Йова було зламане і його серце стало праведним і чистим для Бога. Тільки тоді Бог поблагословив його вдвічі багатше як раніше.

Так само, якщо ви здобудете міру віри батьків, яка є найвищою стадією віри, зруйнувавши ваше власне самовдоволення і ставши одним цілим з Господом, то зможете отримати щедре благословення як дитина Божа. В Першому соборному посланні св. апостола Івана 3:21-22 Бог пообіцяв вам: *"Улюблені! Якщо серце наше не осуджує нас, то ми маємо відвагу до Бога. І чого лише попросимо, дістанемо від Нього, тому що дотримуємося заповіді Його і чинимо добре й угодне перед Ним."*

Ви можете отримати благословення як дитина Божа

Таким чином, ви стаєте одним цілим з Ісусом Христом до аж до того, що перетворюєтеся на духовну людину. Ви також отримаєте благословення, ставши одним цілим з Богом, по мірі вашого виконання Божої правди.

В Євангелії від Івана 15:7 Ісус пообіцяв, що *"Коли ж ви в мені перебуватимете, і мої слова в вас перебуватимуть, — просіть тоді, чого лиш забажаєте, і воно здійсниться для вас."* Також в Євангелії від Івана 17:21 Він говорить нам *"щоб усі були одно, як ти, Отче, в мені, а я в тобі, щоб і вони були в нас об'єднані; щоб світ увірував, що ти мене послав."*

Так само, якщо ви єдині з Господом, коли покидаєте цей світ, яким керує диявольська сила пітьми, то станете одним цілим з вашим Богом Отцем. Про це читаємо в Посланні до галатів 4:4-7:

Як же сповнився час, Бог послав свого Сина, що народився від жінки, народився під законом, щоб викупити тих, які під законом, щоб ми прийняли усиновлення. А що ви сини, Бог послав у ваші серця Духа Сина свого, який взиває "Авва, Отче!" Тому ти вже не раб, а син; а коли син, то спадкоємець завдяки Богові.

Так само як діти успадковують статки від своїх батьків,

ви успадковуєте Царство Боже, коли стаєте Його дитиною, прийнявши Ісуса Христа. Це означає, що діти диявола успадкують від нього пекло, а діти Божі успадкують від Бога небеса.

Проте, вам слід пам'ятати, що ті, хто не породжують духа з допомогою Святого Духа повинні спуститися в пекло, тому що небо це чисте місце, наповнене тільки правдою. Залежно від того, наскільки ваш дух є одним цілим з Богом і процвітає, ви отримаєте славу перебувати на небесах ближче до Бога.

Тому я сподіваюся, що ви зможете отримати благословення вічного життя, прийнявши Ісуса Христа, вашого нареченого і станете одним цілим з Господом Ісусом і Богом Отцем, відкинувши всю неправду і відмовившись від самовдоволення. Таким чином ви зможете віддати всю славу Богу.

Хибні віросповідання не ведуть до спасіння

Ісус Христос став вашим справжнім нареченим, який веде вас до шляху вічного життя і благословення, якщо ви через віру поєднані з Ним. Якщо буде мати таку саму любов як Ісус Христос, ваш наречений, і досягнете бездоганної віри, то не тільки успадкуєте Царство Небесне, а й будете сіяти там як сонце.

Коли ви уважно прочитаєте Біблію, то зрозумієте, що деякі люди, які стверджують що вони вірять в Бога, не врятовані. В Євангелії від Матвія 25 описана притча про десять дів. П'ять мудрих дів, хто підготували оливу були врятовані, проте п'ять нерозумних дів не могли бути врятованими.

Так само Бог зрозуміло вам говорить в Біблії хто може, а хто не може бути врятованим, навіть якщо кожен з них буде стверджувати, що має віру. Тоді ви будете знати про те, як жити, щоб бути врятованими.

В Євангелії від Матвія 7:21 чітко сказано: *"Не кожний, хто промовляє до мене: Господи, Господи! — ввійде в Царство Небесне, лише той, хто чинить волю Отця мого, що на небі."* Якщо ви називаєте Ісуса 'Господи, Господи', то це означає, що ви вірите, що Ісус є Христом. Проте не можете бути врятованими, просто називаючи Господнє ім'я і відвідуючи церкву по неділях.

Ті, хто чинять зло не можуть бути врятовані

В Євангелії від Матвія 13:40-42 Бог говорить вам про Суд Божий:

Так, як збирають кукіль і в вогні палять, так само буде при кінці світу: Син Чоловічий пошле своїх ангелів, які зберуть із його Царства всі спокуси й тих, що чинять беззаконня, і кинуть їх до вогняної печі: там буде плач і скрегіт зубів.

Коли фермер збирає урожай, в одну комору він ставить

пшеницю, а полову спалює. Так само, Бог каже вам, що ті, хто неправі перед Богом, повинні отримати покарання.

"Все, що приводить до гріха" позначає всіх, хто стверджують, що вірять в Бога, проте спокушають братів і сестер по вірі і ведуть їх до її втрати. Тому ви не будете врятовані, якщо ведете людей до гріха та злих вчинків.

Що таке тоді зло? В Першому соборному посланні св. апостола Івана 3:4 читаємо, що *"Кожен, що чинить гріх, чинить також беззаконня, бо гріх є беззаконня."*

Кожна країна має свій збірник законів. В Божому Царстві також існує духовний закон. Закон духовного царства це Слово Боже, записане в Біблії. Той, що порушує Слово Боже є засудженим, так само як той, хто порушує закон притягується до суду відповідно до закону. Тому порушення Божого слова є злом і гріхом.

Закон Божий в основному можна поділити на чорити категорії: "що можна робити", "чого не можана робити", "чого слід остерігатися" і "що слід відкинути". Оскільки Бог є світлом, Він каже своїм дітям роботи добро, не чинити зла, дотримуватися обов'язків дітей Божих, і відкидати те, що Бог не любить, тому що Він хоче, щоб Його діти жили в світлі.

У Второзаконні 10:12-13 Бог закликає нас: *"Та й тепер, Ізраїлю, чого ГОСПОДЬ, Бог твій, вимагає від тебе, як не того, щоб ти боявся ГОСПОДА, Бога твого, ходив усіма його дорогами, і служив ГОСПОДЕВІ, Богу твоєму, усім твоїм серцем і всією твоєю душею, додержуючи заповідей*

ГОСПОДА та його установ, що їх я сьогодні заповідаю тобі, тобі ж самому на добро?" З одного боку, ви отримаєте благословення, якщо будете втілювати Слово Боже в дію. З іншого боку, одержите вічну смерть через зло і гріхи, якщо не будете жити за Його словом.

В посланні до галатів 5:19-21 зазначаєится про діла плоті:

Діла плоті відомі; вони є: перелюб, блуд, нечистота, непристойність, ідолослужіння, чаклунство, ворожнеча, сварка, заздрість, гнів, розбрат, незгода, спокуси, єресі, ненависть, убивства, пиятика, зарозумілість і подібне до цього; попереджаю вас, як і передніше попереджав: ті, що чинять так, Царства Божого не успадковують.

Перелюб означає будь-яку сексуальну нечистоту і розпусність, включаючи сексуальні стосунки перед законним шлюбом. Блуд тут означає безладні дії, без здорового глузду, які спричиняє грішна природа.

Нечистота це коли ви постійно чините гріхи, сексуальну розпусту і словом та ділом зраджуєте своїм подружнім партнерам. Ідолослужіння це поклоніння речам, які зроблені з золота, срібла, бронзи чи з чогось іншого, або якщо ви любите щось більше, ніж Бога.

Чаклунство це коли ви спокушаєте когось злою брехнею. Ворожнеча це коли ви маєте бажання знищити інших людей в ненависті, яка є протилежністю до любові. Сварка означає боротьбу задля досягнення власної вигоди та влади. Заздрість це ненависть до іншої людини через те, що вона почуває себе краще ні ви самі. Гнів не просто означає бути сердитим, це завдавати шкоди іншим через надзвичайну лють.

Розбрат означає створення окремих груп і слідування словам Сатани, тому що ви не погоджуєтеся з іншими людьми. Чинити незгоду це створювати групи і відділитися, слідуючи своїм власним думкам, а не намірам Святого Духа. Єресі означає відкидати Бога Трійцю і Ісуса, який воплотися, пролив Свою кров, щоб врятувати людей і стати Христом.

Ненависть це завдавати збитків чи діяти шкідливо проти когось через свої заздрощі. Алкоголізм це коли ви п'єте спиртне, а пиятика означає не тільки п'яне життя, сповнене задоволення власних бажань, нестача контролю, а й недостатнє виконання своїх обов'язків як в подружжі чи як батьки.

До того ж, "подібне до цього" означає, що є багато дій, схожих до цих, і ті, хто виконують їх не будуть врятованими.

Гріхи на смерть і гріхи не на смерть

В цьому світі вчинок чи дія вважається гріхом, якщо її результат є очевидним і фізична шкода іншій стороні має ґрунтовні докази. Проте, Бог, який є світлом, каже нам, що не тільки гріховні дії, а й всяка темрява, яка є протилежністю світла, є гріхом.

Навіть хоча вони явно не виявлені чи не засвідчуються

ніким, всі грішні бажання у вашому серці, такі як ненависть, заздрість, ревнощі, хтивість, осудження та обвинувачення інших, безсердечність та нечесність думок є злом та гріхом.

Тому Бог каже нам: *"А Я кажу вам, що кожний, хто дивиться на жінку хтиво, уже вчинив перелюб з нею в серці своєму"* (Матвій 5:28) і *"Кожний, хто ненавидить брата свого, є вбивцею; а ви знаєте, що жодний вбивця не має життя вічного, яке в ньому перебуває"* (1 Івана 3:15). До того ж, в Посланні до римлян 14:23 говориться: *"А той, що сумнівається, якщо їсть, осуджується, тому що не з віри, а все, що не з віри, – гріх"*, а в Посланні Якова 4:17 читаємо: *"Отож, хто знає, як чинити добро, і не чинить, тому гріх те для нього."* Тому, ви повинні усвідомити, що це гріх і беззаконня не робити те, що хоче і наказує Бог.

Проте, чи всі люди помруть, якщо вони будуть чинити ці гріхи? Вам слід усвідомити, що людина вірує і намагається стати праведною, навіть якщо чинить обман, перед тим як помолиться. Навіть якщо вона ще не відкинули всю нечесність зі свого серця через слабкість віри, неправильно казати, що не буде врятована через свої гріхи.

В Першому посланні апостола Івана 5:16-17 говориться: *"Якщо хтось бачить брата свого, що грішить гріхом не на смерть, то нехай молиться, і Бог дасть йому життя, тобто тому, хто згрішив не на смерть. Є гріх на смерть: не про нього кажу, щоб молився. Усіляка неправда є гріх, але є також гріх не на смерть."*

Гріхи загалом поділяють на дві групи: гріхи на смерть і гріхи не на смерть. Ті, хто чинять гріхи, які не ведуть до смерті можуть бути врятованими, якщо ви заохочуєте цих людей, молитеся за них і допомагаєте їм розкаятися в їхніх гріхах. Проте, коли хтось чинить гріхи, які ведуть до смерті, він не може бути врятованим навіть якщо ви молитеся за нього.

Люди, які вважаються чесними деколи брешуть задля своєї вигоди чи обманюють, навіть якщо їхні діяння самі по собі не шкодять іншим. Коли ви усвідомите правду, то зрозумієте, що були грішниками, хоча насправді думали, що жили праведно до того, як повірили в Бога. Він показує вам не тільки видимі гріхи, а й злі думки, і все це є гріхами.

Всі провини є гріхами, а відплатою за гріхи є смерть. Проте, Ісус Христос пробачив всі ваші гріхи в минулому, теперішньому і майбутньому, проливши Свою кров на хресті. Є гріхи, які можуть бути прощені силою крові Ісуса, коли ви розкаєтеся і звільняєтеся від них. Це гріхи не на смерть.

Якщо ви не каєтеся, а продовжуєте грішити, ваша совість стане черствою. Тоді, зрештою, ви не зможете отримати дух покаяння, якщо чините гріх на смерть. Таким чином, ваші гріхи не можуть бути прощені навіть якщо ви хочете розкаятися в них.

Давайте розглянемо три види гріхів на смерть: зневага Духа, часте привселюдне ганьблення Сина Божого і продовження навмисно грішити.

Зневага Святого Духа

Зневага Святого Духа включає в себе три речі. Ви зневажаєте Духа коли говорите проти Нього, коли заважаєте ділам Святого Духа і коли ганьбите Святого Духа.

А тому кажу вам: Усілякий гріх і хула простяться людям, а зневага (хула) на Духа не проститься людям. Якщо хтось скаже слово на Сина Людського, то проститься йому; а якщо хтось скаже на Духа Святого, не проститься йому ні в цьому світі, ні в прийдешньому (Матвій 12:31-32).

І кожному, хто скаже слово на Сина Людського, – проститься йому; а хто ганьбитиме Святого Духа, – йому не проститься (Лука 12:10).

Перше, "говорити на інших" означає зводити наклеп на них і заважати їхнім ділам. **"Говорити на Святого Духа"** означає намагатися перешкодити здійсненню Царства Божого, заважаючи ділам Святого Духа, базуючись на власному бажанні та думках. До прикладу, ви говорите на Святого Духа, коли виступаєте проти діл Божих через те, що вони не відповідають вашим власним думкам, навіть якщо це діла Святого Духа.

Якщо ви звинувачуєте раба Божого в тому, що він єретик, коли насправді це неправда і заважаєте ділам Святого Духа, це жахливий гріх перед Богом, який не може бути прощений. Тому ви повинні бути здатними розрізняти думки чи вони правдиві чи ні.

Звичайно, вам слід строго попереджати людей і не дозволяти їм так поводитися, якщо вони намагаються, щоб інші прийняли злого духа або справді є єретиками перед Богом. В Посланні до Тита 3:10 читаємо: *"Від єретика, після першого і другого напучування, ухиляйся."*

Сьогодні багато людей визнають багато церков єретичними, оскільки не можуть відрізнити праведні думки від неправедних. Ці люди навіть різними способами піддають церкви утискам, хоча вони визнають Бога Трійцю і діяльність їхня супроводжується ділами Святого Духа. Хоча ці люди стверджують, що вірять Бога, проте не мають достатнього біблійного знання про єресь. Деколи вони навіть не знають визначення єресі. Якщо люди переслідують інших через брак правильного знання, а потім розкаються і звільняються від цього, то вони можуть бути прощені. Проте, якщо заважають ділам Божим злими намірами чи заздрістю, навіть знаючи, що це діла Духа, то не можуть бути прощені.

В Біблії можна знайти приклад такого поводження.

В Євангелії від Марка, коли Ісус творив чудесні знаки та дива, ті хто Йому заздрили, поширювати чутку, що Він був божевільним. Ця чутка настільки широко розповсюдилася, що члени Його родини, які далеко жили, прийшли, щоб забрати Ісуса від народу.

Книжники та фарисеї критикували Христа кажучи: *"А книжники, що прийшли з Єрусалиму, казали, що Він має [в Собі] Вельзевула, і виганяє демонів силою бісівського князя"* (Марко 3:22). А вони добре знали Слово Боже, так само як і закон. Книжники та фарисеї навчали йому людей, але все ще заважали ділам Божим через те, що заздрили Ісусові.

Друге, "заважати ділам Святого Духа" означає ігнорувати голос Святого Духа, який був даний Богом чи засуджувати діла Святого Духа і намагатися нашкодити іншим людям.

До прикладу, ви говорите на Святого Духа, якщо поширюєте чутки чи підроблені документи або обвинувачуєте в єресі священика чи церкву, де творяться діла Святого Духа, щоб перешкодити відновленню зустрічей чи зібрань.

Що тоді означають слова "Якщо хтось скаже слово на Сина Людського, то проститься йому"? "Син Людський" у цьому вірші позначає Ісуса, який прийшов як людина перед тим, як був розіп'ятий на хресті.

Говорити на Сина Людського означає не слухатися Ісуса, не визнаючи Його як людину через те, що Він воплотився. Неспроможність визнавати Ісуса як Спасителя виникає внаслідок браку знання. В такому випадку, ви отримаєте прощення і зможете урятуватися тільки якщо старанно розкаєтеся і приймете Господа.

Тому якщо ви чините такі гріхи не знаючи правди або перед тим, як прийняли Святого Духа, Бог часто дає вам можливість розкаятися і бути прощеними.

Проте, якщо ви не слухаєтеся і заважаєте Господу, точно знаючи хто такий Ісус Христос, то маєте усвідомити, що ніколи не будете врятованими, тому що це те саме, що говорити на Святого Духа і заважати Його ділам.

Третє, зневажати також означає ганьбити речі, які є

божественними, святими і чистими. Зневага Святого Духа також означає *ганьба Святого Духа,* Божого Духа і Божої святості. Ви чините гріх ганьблячи Божу вічну силу і святість, якщо паплюжите діла Святого Духа, кажучи що це справи рук Сатани, чи коли наполягаєте що щось є ділом Святого Духа, в той час коли це не правда. Також, проповідування правди як неправди, стверджування правдивим якщо воно не є ним і засуджування правди так ніби це неправда- це все "зневага Святого Духа".

В старі часи, якщо когось зловили, коли він слово чи ділом зневажав царя, це вважалося зрадою і його засуджували до смерті.

Якщо ви зневажаєте святу божественність Бога, Хто є всесильним і Якого не можна порівняти з будь-яким царем цього світу, то ніколи не можете бути врятовані.

Навіть Ісус, Який за Своєю природою є Богом, воплотився і прийшов в цей світ, нікого не осуджував. Якщо ви досі осуджуєте братів і сестер, більше того, ганьбите діла Святого Духа, то чините жахливий гріх. Якщо ви знаєте і боїтеся Бога, то ніколи не будете заважати, говорити на Нього чи ганьбити Святого Духа.

Тому ви маєте усвідомити, що ці гріхи ніколи не можуть бути прощені в цьому віці чи в майбутньому і вам ніколи не слід їх чинити. Навіть якщо ви раніше вчинили ці гріхи, то повинні прагнути Божої ласки і розкаятися від всього свого серця.

Привселюдне ганьблення Сина Божого

Якщо ви розпинаєте Сина Божого знову і знову і привселюдно Його ганьбите, це приведе вас до смерті, як описано в Посланні до євреїв 6.

Бо не можна тих, що одного разу стали зрячими і спізнали дару небесного та були вчинені співучасниками Духа Святого, і спожили добре Боже Слово і сили майбутнього віку, і відпали, знову оновлювати каяттям, коли вони знову розпинають у собі Сина Божого і зневажають Його (до Євреїв 6:4-6).

Дехто з людей покидає церкву і Бога через спокуси цього світу і починає сильно ганьбити Бога, навіть коли вони прийняли Святого Духа, знають що існує небо і пекло і вірять в слово правди. Ми кажемо, що вони грішать знову і знову розпинаючи Сина Божого і привселюдно Його ганьблячи. Такі люди не тільки чинять багато гріхів, якими керує Сатана, а й відкидають Бога, переслідують і принижують церкву та віруючих.

Вони вже передали свою свідомість Сатані, тому серця їхні наповнені темрявою.

Отже, вони навіть не будуть хотіти розкаятися і дух покаяння не зійде на них. Вони не мають жодної можливості розкаятися, тому ніколи не зможуть бути прощені.

Юда Іскаріот вчинив такий гріх. Він був одним з

дванадцяти апостолів Ісуса. Юда був свідком багатьох знаків
і див, але його покорила жадібність і він продав Ісуса за
тридцять срібняків. Пізніше свідомість апостола була
уражена і його охопив жаль, але дух покаяння не зійшов на
Юду. Його гріх неможливо було простити і зрештою він
покінчив життя самогубством, тому що дуже мучився через
свою провину (Матвій 27:3-5).

Продовження навмисно грішити

Останнім гріхом на смерть є продовження навмисно
грішити після того, як ви отримали пізнання правди.

> *Бо коли ми, одержавши повне спізнання правди,*
> *грішимо добровільно, то вже немає за гріхи жертви,*
> *а якесь страшне очікування суду й вогонь помсти*
> *палаючий, який має пожерти супротивників (до*
> *Євреїв 10:26-27).*

"Продовжувати грішити після отримання пізнання
правди" означає повторювати робити беззаконні речі, які
Бог не прощає. Також, це означає продовжувати грішити,
знаючи що то гріх, так як *З ними трапилося те, про що*
приповідка влучно каже: 'Пес повернувся до своєї
блювотини', або: 'Свиня, вимита, качається у грязюці'" (2
Петра 2:22).

З одного боку, коли Давид, який так любив Бога, зрадив
своїй дружині, це породило стільки гріхів і призвело до того,

що він вбив одного зі своїх найбільш вірних воїнів. Проте, коли пророк Натан вказав йому на гріх, цар Давид відразу ж розкаявся.

З іншого боку, цар Саул продовжував грішити навіть після того, як пророк Самуїл вказав йому гріхи. Давид розкаявся і отримав Боже благословення, в той час, коли Саула покинула Божа милість, тому що він не розкаявся і продовжував грішити.

До того ж, Валаам був пророком, який мав владу благословляти і проклинати, та коли він підкорився цьому світу, щоб здобути багатство і славу, то кінець його був жалюгідним.

З одної сторони, Святий Дух в серцях тих, хто навмисно грішать зникає, тому що Бог відвертається від них. Тоді вони втрачають свою віру і чинять зло та недобрі вчинки, які контролює диявол. Зрештою, Святий Дух в них повністю зникне і вони не можуть бути врятованими, а імена їхні будуть викреслені з Книги життя (Одкровення 3:5)

З іншої сторони, є люди, які продовжують грішити, тому що вони тільки мають знання про Бога, але не вірять в Нього своїм серцем. Їхні гріхи можуть бути прощені і вони можуть піти шляхом спасіння, коли повністю і щиро розкаються та отримають істинну віру.

Тому, вам слід знати, що ви не будете врятовані, коли навмисно продовжуєте грішити, виконуючи діла грішної природи, навіть якщо колись були просвітленими, вірили що існує небо і пекло та насолоджувалися Божою щедрою ласкою.

Я також надіюся, що ви в повній мірі зрозумієте, що всі гріхи є беззаконням та темрявою і Бог ненавидить їх, навіть якщо деякі з них не є на смерть. Прошу вас, будьте мудрими віруючими, які не дозволяють чинити гріхи і самі не грішать.

Тіло і кров Сина Людського

Для того, щоб бути здоровими, вам слід вживати відповідну їжу та напої. Так само, щоб дух ваш був здоровим і щоб отримати вічне життя, вам слід їсти тіло і пити кров Сина Людського.

З Євангелії від Івана 6:53-55 ви дізнаєтеся що таке тіло і кров Сина Людського і чому люди повинні їсти Його тіло і пити Його кров, щоб здобути вічне життя:

> *А Ісус їм: "Істинно, істинно кажу вам: Якщо не споживатимете тіло Сина Людського й не питимете його кров, не матимете життя в собі. Хто тіло Моє їсть і кров Мою п'є, той живе життям вічним, і я воскрешу його останнього дня. Бо тіло Моє — їжа правдива, і кров Моя — правдивий напій."*

Що таке тіло Сина Людського?

В Біблії Ісус розповідає вам таємниці небес і Божу волю

через багато притч. Тому що людям, які живуть у цьому тривимірному світі, важко зрозуміти і усвідомити волю Бога, Який живе в чотиривимірному світі і вище. Тому Ісус порівняв небесні предмети з неживими речами, рослинами, тваринами. Він живе в цьому світі, щоб допомогти вам краще зрозуміти божественну волю.

Ось чому Ісус, єдиний Син Божий, порівняв камінь і зірку, які є поза вимірними з одновимірним вином, двовимірним ягням і Сином Божим, який має три виміри.

Ісуса називають Сином Людським, тому тіло Сина Людського є тілом Ісуса.

В Святій Євангелії від Івана 1:1 читаємо: *"Споконвіку було Слово, а Слово в Бога було, і Слово було Бог."* В Євангелії від Івана 1:14 говориться: *"І Слово стало тілом, і оселилося між нами, і ми славу Його бачили — славу Єдинородного від Отця, благодаттю та істиною сповненого."*

Ісус є тим, хто воплотився і прийшов в цей світ як Слово Боже. Тому тіло Сина Людського є Словом Божим, яке саме по собі є правдивим, і їсти тіло Сина Людського означає вивчати Слово Боже в Біблії.

Як їсти тіло Сина Людського

У книзі Вихід 12:5 і в наступних віршах, Ісус замальовується як "Ягня":

Ягня ж нехай вам буде без вади, самчик, однолiток;

можете взяти його з баранців або з козенят. І держатимете його до чотирнадцятого дня цього місяця, і тоді нехай уся громада синів Ізраїля разом заріже його надвечір. І нехай візьмуть крові й помажуть нею одвірки і наддвірок у домах, де їстимуть його.

Взагалі, багато віруючих вважають, що ягня означає нових у вірі, але якщо уважно вивчити Біблію, можна зрозуміти що ягня є символом Ісуса.

Іван Хреститель, дивлячись на Ісуса, який наближався до нього, сказав в Євангелії від Івана 1:29: *То ж наступного дня бачить він Ісуса, що йде до нього, та й каже: 'Ось Агнець Божий, який світу гріх забирає.'* Апостол Петро ж говорив про Ісуса як про ягня в Першому посланні апостола Петра 1:19: *і знайте, що не тлінним золотом чи сріблом ви були звільнені від вашого життя суєтного, яке ви прийняли від батьків ваших, а дорогоцінною кров'ю Христа, непорочного й чистого ягняти*. Крім цих, багато інших висловів порівнюють Ісуса з ягням.

Чому ж Біблія порівнює Ісуса з ягням? Ягня є найлагіднішою і найпослушнішою твариною зі всієї худоби. Воно впізнає голос свого пастуха і кориться йому. Ніхто інший не може годувати ягня, навіть якщо люди пробують копіювати голос його пастуха. Ягня дає людям біле і м'яке хутро, молоко, м'ясо і всі інші частини свого тіла.

Так само як ягня жертвує все для людей, Ісус цілковито підкорився волі Божій і пожертвував все заради нас.

Ісус воплотився і прийшов в цей світ, хоча за Своєю природою був Богом. Він проповідував Євангеліє небес, зцілював багато хвороб і недуг і був розп'ятий. Ісус все покинув, щоб врятувати вас від гріхів.

Його порівнюють з ягням, тому що риси і дії Ісуса нагадують лагідне ягня, а їсти ягня символізує їсти плоть Сина Людського.

Як тоді їсти тіло Сина Людського? Поглянемо в книгу Вихід 12:9-10, яка дає нам наступні вказівки:

Не їжте ніякої сировини, ні звареного в воді, а тільки жарене на вогні, і з головою його і з ногами та з нутрощами. І не зоставлятимете нічого до ранку; що ж з нього зосталось би до ранку, спалите на вогні.

Перше, не можна їсти Слово Боже сирим

Що означає не їсти тіло Сина Людського сирим?

Загалом, не корисно м'ясо їсти сирим. Якщо ви їсте сире м'ясо, то можете занести вірус чи бактерії і захворіти. Так само, Бог каже нам не їсти Слово Боже сирим, бо це шкідливо.

Слово Боже записане через натхнення Святого Духа, тому вам слід читати його і зробити своєю їжею з допомогою натхнення Святого Духа.

А якщо буквально тлумачити Боже Слово? Ви напевно неправильно зрозумієте задум Божий. Тому, їсти "Боже слово сирим" означає буквально тлумачити Біблію.

Як сказано в Євангелії від Івана *"Слово було Бог"*, Біблія вміщує Божу любов і волю. Все виконується відповідно до цього Слова.

Боже Слово каже нам як можемо потрапити на небеса. Вам слід повно зрозуміти Боже Слово, щоб отримати вічне життя. Так само, плотська людина не може побачити чи охопити духовний світ.

Це ніби цикада, яка не знає де небо, коли вона риється в землі. Це подібно до курча, яке не знає зовнішнього світу, коли знаходиться в яйці. Це ниби дитина, яка не знає нічого про світ, коли вона все ще в утробі матері.

Так само, поки ви перебуваєте в плотському світі, то нічого не знаєте про духовний світ.

Бог каже вам, що існує інший світ поза цим тривимірним. Так само як ненароджене курча повинне розбити шкаралупу, вам слід зруйнувати свої власні плотські думки, щоб зрозуміти і увійти в духовне царство.

До прикладу в Євангелії від Матвія 6:6 читаємо: *"Ти ж, коли молишся, увійди у свою кімнату, зачини за собою двері й молись Отцеві твоєму, що перебуває в тайні, а Отець твій, що бачить таємне, віддасть тобі."* Якщо б ви буквально тлумачити цей вірш, вам завжди було б потрібно молитися у своїй кімнаті. Проте, Ви не знайдете прабатьків віри, які таємно молилися в своїй кімнаті.

Ісус не молився в Своїй кімнаті, а на схилі гори, провівши там всю ніч (Лука 6:12) і на самоті рано вранці (Марко 1:35).

До того ж, Даниїл молився три рази вдень, а вікна його були відчинені навпроти Єрусалиму (Даниїл 6:10), апостол Перто молився на даху (Діяння 10:9).

Тоді що означають Ісусові слова: "Увійди у свою кімнату, зачини за собою двері й молись"?

В цьому випадку "кімната" духовно символізує серце людини. Тому ввійти в свою кімнату означає оминути свої думки і ввійти глибоко в своє серце, так само як проходите вітальню чи спальню і входите у внутрішню кімнату. Тільки тоді ви зможете молитися від всього свого серця.

Коли ви входите у внутрішню кімнату, то відокремлюєте себе від зовнішнього світу. Так само, коли ви молитеся, то вам слід припинити всі непотрібні думки, переживання і турботи та молитися від всього свого серця.

Тому, ви не повинні їсти тіло Сина Людського сирим. Вам не слід буквально тлумачити Боже слово. Тому, ви маєте духовно тлумачити Слово Боже з допомогою натхнення Святого Духа.

Друге, не їсти Слово Боже зварене в воді

Що означають слова: "Не їжте м'яса, звареного в воді"? Це значить, що ми не маємо права щось додавати в Слово Боже, а їсти його чистим.

Неправильно проповідувати Слово Боже і змішувати його з політикою, історією держав чи прислів'ями своїх улюбленців чи історичних персонажів.

Бог, Який створив небеса і землю і Який контролює

життя і смерть людей, благословення і прокляття, є всемогутнім і самодостатнім.

В Першому посланні до коринтян 1:25 говориться: *"Бо, нібито немудре Боже — мудріше від людської мудрості, і немічне Боже міцніше від людської сили."* Це записано, щоб ви усвідомили, що навіть найрозумнішу і найбездоганнішу людину не можна порівняти з Богом.

Протягом всього свого життя ви не зможете проголосити все, записане в Біблії. Тоді як ви смієте змішувати людські слова з Словом Божим, навіть коли доносите послання до людей?

З часом людські слова змінюються. Навіть якщо в них міститься зерно істини, то вони вже були записані в Біблії і сказані з мудрістю Божою.

Тому, першочерговим завданням під час вивчення Біблії має бути чисте Слово Боже. Звичайно, ви можете застосовувати певні притчі чи ілюстрації, щоб люди легше зрозуміли Слово Боже і таємниці духовного світу.

Ви повинні усвідомити, що тільки Слово Боже є безсмертним і бездоганним. Це цілковита правда, яка веде вас до вічного життя. Отож, ви не повинні їсти Його Слово зварене в воді.

Третє, ви повинні їсти Слово Боже жарене на вогні

Що означають наступні слова: *"жарити на вогні, і з головою його і з ногами та з нутрощами"* (Вихід 12:9). Це значить, що ви повинні зробити Слово Боже, тіло Сина Людського, вашою духовною їжею повністю, нічого не залишаючи.

До прикладу, дехто сумнівається в тому, що Мойсей розділив Червоне море. Деякі люди навіть не починають читати книгу Левита, тому що їм важко зрозуміти жертви в Старому Заповіті. Інші кажуть, що їм важко повірити в чуда, які творив Ісус. Вони думають, що такі дива могли мати місце тільки 2,000 років тому. Такі люди відкидають багато речей, які не вписуються в формат людських думок і намагаються одержати тільки моральні уроки.

Люди навіть не хочуть пам'ятати такі слова як "Любіть ворога свого" чи "Уникайте будь-якого зла", тому що їм важко слухатися цих слів. Чи вони можуть бути врятовані?

Тому, ви повинні не тільки брати з Біблії те, що ви хочете, як це роблять безрозсудливі люди. Вам слід їсти всі слова в Біблії, повністю зажарені на вогні від книги Буття до Одкровення святого Івана Богослова.

Що тоді означає, їсти Слово Боже, "жарене на вогні"? Тут вогонь позначає вогонь Святого Духа. Ви маєте бути наповнені і натхненні Святим Духом, коли читаєте чи слухаєте Слово Боже, тому що воно записане з допомогою натхнення Святого Духа. В іншому випадку, це просто знання, а не духовна їжа.

Щоб їсти Слово Боже, жарене на вогні, вам треба палко молитися. Молитви як олія, є джерелом повноти Святого Духа. Якщо ви їсте Слово Боже з натхненням Святого Духа, воно є солодшим, ніж мед. Ви також ніколи не будете нудьгувати, навіть якщо довгий час перебуваєте на самоті, тому що воно таке цінне і ви любите слухати Слово Боже, як спраглий, який глибоко вдивляється в джерело.

Ось так треба їсти Слово Боже, жарене на вогні. Тільки таким чином, ви осягенете Слово Боже, перетворите його на духовне тіло і кров, зрозумієте і будете виконувати волю Божу. Так ви породжуєте духа з допомогою Святого Духа, підсилюєте свою віру і відновлюєте втрачений образ Бога, розуміючи всі людські обов'язки.

Проте, для тих, хто їдять Слово Боже з допомогою власних думок, не жарячи його на вогні, Слово Боже є нецікавим, і вони не можуть запам'ятати його, тому що слухаються тільки своїх даремних думок. Такі люди не можуть ні духовно вирости, ні отримати істинне життя.

Четверте, ви не повинні зоставити Слово Боже до ранку

Що означають наступні слова: "І не зоставляйте нічого до ранку; що ж з нього зосталось до ранку, спаліть на вогні"?

Це означає, що вам не слід споживати тіло Сина Людського, Слово Боже вночі. Світ, в якому ви зараз живете, це темний світ, який контролює диявол, і духовно його можна описати як ніч чи нічний час. Коли наш Господь прийде знову, вся темрява зникне і все відновиться; настане ранок, світ світла.

Тому, "не зоставляйте нічого до ранку" означає, що ви

маєте вивчити Слово Боже, щоб приготувати себе як наречена нашого Господа до Його повернення.

До того ж, незалежно від того чи швидкий прихід Господа, Ви живете тільки 70 чи 80 років і не знаєте коли зустрінете Господа. До зустрічі з Богом, ви духовно зростаєте до такої міри, щоб їсти тіло і пити кров Сина Людського. Тому вам треба старанно вивчити Слово Боже і вирости духовно.

Якщо ви маєте батьківську віру, постійно збільшуючи міру свого духу, то отримаєте славу як сяюче сонце коло престолу Божого в Його Царстві, тому що пізнали Бога, Який існував з самого початку, виростив дев'ять плодів Святого Духа і заповіді блаженства. Також ви відновите образ Божий.

Пити кров Сина Людського

Щоб жити вам слід їсти їжу та пити воду. Якщо ви не споживаєте воду, їжа не може перетравитися і ви помрете. Коли їжа потрапляє в шлунок змішана з водою, вона перетравлюється, поживні речовини всмоктуються і відходи виділяються назовні.

Таким самим шляхом, коли ви їсте тіло Сина Людського, але не п'єте Його крові, то не можете перетравити його. Тому ви зможете здобути вічне життя тільки якщо будете їсти тіло Сина Людського і пити Його кров.

"Пити кров Сина Людського" означає з вірою втілювати в

ділі Слово Боже. Якщо ви слухаєтесь Слова Божого, дуже важливо відповідно до нього діяти і це називається вірою. Якщо ви не чините відповідно до Слова Божого після того як ви його почули і знаєте його, то марно слухати його.

Таким чином як поживні речовини всмоктуються і виводяться відходи, коли ви перетравлюєте їжу, Слово Боже, правда, вбирається, а неправда виводиться, коли ви дієте згідно з Словом Божим, щоб очистити свої брудні серця.

Що таке "всмоктана правда" і "виведена неправда"? Уявімо собі, що ви почули Слово Боже: "Не ненавидьте, а любіть один одного." Якщо воно стане для вас їжею і ви будете діяти згідно з ним, поживна речовина, яку називають любов всмоктується, а відходи, тобто ненависть, виводяться. Вивівши нечисті і брудні думки, ваше серце автоматично стає чистішим і правдивішим.

Чиніть відповідно до Слова Божого, після того як його почуєте

Проте, якщо ви не чините відповідно до Слова Божого, то не п'єте кров Сина Людського. Тому, Боже Слово це лише частина знання в голові і ви не можете бути врятовані, якщо не чините відповідно до нього.

Пити кров Сина Людського, чинити відповідно до Слова Божого не можна просто з допомогою людських зусиль. Ви повинні мати силу волі і зусилля, щоб чинити відповідно до Його Слова і тоді отримати Божу ласку, силу і допомогу

Святого Духа, палко молячись.

Якщо ви б змогли позбутися гріха власними силами, Ісуса не потрібно було б розпинати і Бог не мав би посилати Святого Духа.

Ісус Христос був розп'ятий щоб відпустити ваші гріхи, тому що ви не можете самі вирішити проблему з гріхами, і Бог послав Святого Духа, щоб допомогти вам перетворити ваше заплямоване серце на чисте.

Святий Дух, Божий Дух, допомагає дітям Божим жити в правді та праведності. Отож, з допомогою Святого Духа, діти Божі повинні жити відповідно до Слова Божого, позбавляючись своїх гріхів і отримуючи Божу любов і благословення.

Прощення досягається тільки просвітленим життям

Якщо ви їсте тіло і п'єте кров Сина Людського, це означає, що живете в світлі відповідно до Слова Божого. Тоді яку дію це позначає? Людина повинна діяти в світлі. Ви залишаєте темряву і живете в світлі, коли їсте тіло Сина Людського, засвоюєте його і серце ваше стає правдивим. Коли ви дієте в світлі, кров Господа очищує ваші минулі, теперішні і майбутні гріхи.

Навіть якщо маєте ще не відпущені гріхи, коли ви розкаєтеся перед Богом від всього свого серця, гріхи ваші можуть бути прощені ласкою Божою. Ті, хто справді вірять в

Бога і намагаються вдосконалити праведність в своїх серцях, більше не є грішниками, вони стають праведниками і можуть бути врятованими і здобути життя вічне.

Бог є світлом

В Першому соборному посланні св. апостола Івана 1:5 сказано: *"А це звістка, що ми її чули від Нього і звіщаєм вам: Бог є світло, і немає в Нім жодної темряви!"*

Апостола Іван, який написав Перше соборне послання св. апостола Івана, безпосередньо навчав Ісус, Який прийшов в цей світ і став світлом для нього і шляхом Божим.

Тому в Євангелії від Івана 1:4-5 говориться про Ісуса: *"У Ньому було життя, і життя було — Світло людей. І світло світить у темряві, і не пойняла його темрява."* Ісус проголосив Себе: *"Я — шлях, істина і життя! Ніхто не приходить до Отця, як тільки через Мене."* (Іван 14:6).

Тому апостоли Ісуса засвідчили через Нього той факт, що "Бог є світлом". Вони для вас проголосили послання що "Бог є світлом".

Світло духовно означає правду

Що таке тоді "світло"? Світло духовно означає правду, а правда є протилежністю до темряви.

В Посланні до ефесян 5:8 Бог говорить нам: *"Ви були колись темрявою, тепер же — Світлом у Господі: поводьтеся ж як діти Світла."* Ті, хто прислухається до послання що "Бог є світлом" і вчиться від Бога правді, може сіяти і освітлювати цей світ, так як світло проганяє темряву.

Діти світла, які чинять правдиво, несуть плід світла. Тому в Посланні до ефесян 5:9 сказано: *"Плід світла є в усьому, що добре, що справедливе та правдиве."* Духовна любов, описана в Першому посланні до коринтян 13 і плоди Святого Духа, такі як любов, радість, мир, довготерпіння, лагідність, доброта, вірність,тихість, стриманість є плодами світла.

Тому світло позначає всі правдиві послання доброти, праведності і любові, які Бог проголошує в Біблії, такі як "любіть один одного, моліться, не забувайте святий день святкувати, дотримуйтеся Десяти заповідей Божих".

Темрява духовно означає гріх

Темрява позначає стан, коли немає світла і духовно це гріх.

Всі недобрі речі, які є протилежними до правди, описані в Посланні до римлян 1:28-29: *"І як вони не вважали потрібним триматися правдивого спізнання Бога, Бог видав їх ледачому розумові чинити негодяще: вони — сповнені всякої неправости, лукавства, захланности, злоби, повні заздрости, убивства, колотнечі, підступу, злоби."* Все це є темрявою.

Біблія каже вам позбутися всього, що належить до темряви, наприклад крадіжка, вбивство, перелюб і всяке зло.

З одного боку, деякі люди стверджують, що вони діти

Божі, хоча не слухаються того, що їм каже робити чи дотримуватися Бог, а чинять речі, які Бог забороняє робити або каже відкинути. Цю темряву контролює ворожий диявол і Сатана і вона належить цьому світові, тому ніколи не може поєднатися зі світлом. Тому то ті, хто діють в темряві, ненавидять світло і знищують його.

З іншого боку, справжні діти Божі, котрі є світлом і в яких немає жодної темряви, повинні знищити темряву і жити в світлі. Тільки тоді ви зможете спілкуватися з Богом і все у вашому житті буде складати якнайкраще.

Доказ спільності з Богом

Зазвичай, між батьками і дітьми існують дуже близькі стосунки, засновані на любові. Так само, для вас, хто вірить в Ісуса Христа, очевидно мати спільність з Богом, Який є Отцем вашого духу (1 Івана 1:3).

Мати спільність тут означає не тільки, що один знає іншого, а ви обидва добре знаєте один одного. Не можна сказати сказати, що маєте спільність з президентом, хоча вам про нього багато відомо. Так само і з Богом. Щоб мати справді дружні стосунки з Богом, ви повинні знати Його, так само як Він знає і впізнає вас.

В Першому посланні апостола Івана 1:6-7 говориться: *"Коли ми кажемо, що маємо з ним спільність, а ходимо в темряві, то ми говоримо неправду й не чинимо правди. А коли ходимо у світлі, як він сам — у світлі, ми маємо спільність один з одним, і кров Ісуса Христа, його Сина, нас очищує від усякого гріха."*

Це означає, що ви можете мати спільність з Богом, коли позбудетеся гріхів і житимете в світлі. Якщо ви кажете, що маєте з Богом спільність, в той час коли все ще продовжуєте жити в темряві, то ваші слова є брехнею.

Мати спільність з Богом означає мати духовні і правдиві стосунки, а не просто безбожно знати Його тільки через знання в своїй голові. Ви самі маєте бути світлом, щоб мати спільність з Богом, тому що Він є світлом. Дух Святий, Божа любов, зрозуміло навчає вас волі Божій аж до пізнання вами правди, щоб ви мали глибше спілкування з Богом, коли читаєте Слово Боже чи молитеся.

Якщо ви ходите в темряві

Ви брешете, коли стверджуєте, що маєте спільність з Богом, а насправді ходите в темряві і грішите. Це не життя в правді і зрештою ви підете шляхом смерті.

В Першій книзі Самуїла 2 сини священика Елі чинили зло і грішили. Батько повинен був їх покарати, натомість Елі просто попередив: "Чому ти робиш такі речі? Тобі не слід цього робити."

В кінці кінців, Божий гнів зійшов на них. Два сини священика Елі загинули в битві, а сам отець впав з крісла коло своїх воріт; його шия була зламана і він помер. Божий гнів також зійшов на його нащадків (1 Самуїла 2:27-36, 4:11-22).

Тому в Посланні до ефесян 5:11-13 говориться: *"Не*

беріть участі в безплідних ділах темряви, а раше їх картайте. Бо про те, чим вони потайки займаються, соромно й казати. А все виявлене стає явним від світла, бо все, що стає явним, є світло.»

Якщо хтось стверджує, що має дружні стосунки з Богом, а не ходить в світлі, ви повинні з любов'ю дати йому пораду. Коли він все ще не живе в світлі, вам треба насваритись на нього і привести до світла, щоб та людина не пішла смертним шляхом.

Прощення здобувається життям у світлі

В цьому світі існує закон і коли хтось порушує його, він буде покараний відповідно до міри свого вчинку. Проте, сумління злочинця буде неспокійним і він буде продовжувати відчувати себе винним через шкоду, яку завдав, навіть якщо правопорушник поплатився за свій поганий вчинок і був покараний.

Так само, ви все ще маєте грішну природу в своєму серці, навіть якщо приймаєте Ісуса Христа, гріхи ваші прощені і вас визнали праведним. Тому, Бог наказує вам обрізати ваше серце, щоб ваше сумління не гризло вас і совість була чистою.

Як сказано в книзі Єремії 4:4: *"Пообрізуйтеся заради Господа, усуньте необрізаність вашого серця, ви, мужі Юдеї та мешканці єрусалимські, щоб вогнем не вибухнув гнів мій і не горів, — і нікому б гасити його з-за ледарства вчинків ваших"*, обрізання серця означає відрізання шкіри вашого серця.

Відрізати шкіру вашого серця означає слідувати тому, що наказує Бог в Біблії робити, не робити, остерігатися чи відкидати. Іншими словами, це означає прогнати все, що суперечить Слову Божому, наприклад неправду, зло, нечестивість, беззаконня і темряву, очистивши своє серце і наповнивши його правдою.

Тому, ви дбайливо повинні зробити Слово Боже вашою їжею, ввібрати поживні речовини, діючи відповідно до нього і вивести залишки зла і неправди, які належать темряві. Коли ви обріжете своє серце, то зможете духовно вирости.

Коли ви станете духовною і правдивою людиною, вивівши гріх і зло як відходи, то будете мати спільність з Богом. Тоді кров Ісуса Христа зможе очистити ваші гріхи, тому що маєте таку спільність.

Тому ви повинні не тільки прийняти Ісуса Христа, щоб стати праведником, а й перетворитися в справді віруючу людину з'ївши тіло, випивши кров Сина Людського і обрізавши своє серце.

Дієва віра є істинною

До вашого подиву, можна побачити багатьох людей, які неправильно розуміють значення віри. Деякі кажуть: "Чому ви просто не підете до церкви? Ви все ще можете бути врятовані."

Якщо ви слухаєте Слово Боже і знаєте його, але не дієте

відповідно до нього, віра є тільки вираженням знань в вашій голові, а не істинною вірою. Тільки так ви можете бути врятовані. Якою є віра, яку визнає Бог? Як ви можете бути врятовані вірою?

Справжнє покаяння вимагає звільнення від гріхів

В Першому посланні апостола Івана 1:8-9 говориться: *"Коли ми кажемо, що гріха не маємо, то ми самих себе обманюємо, і правди в нас немає. Якщо ж ми визнаємо гріхи наші, то він — вірний і праведний, щоб нам простити гріхи наші й очистити нас від усякої неправди."*

Що тоді означає визнати свої гріхи?

Уявімо, що Бог каже вам: "Йдіть на схід, там шлях до вічного життя і моя воля, йдіть на схід." Проте, якщо ви йдете на захід і кажете: "Боже, я маю йти на схід, але я йду на захід, вибач мені будь ласка", то це не буде каяттям. В цьому випадку ви не вірите в Бога і не боїтеся Його, це більше насміхання з Нього. Справжнє покаяння здійснюється не тільки визнанням своїх гріхів вустами, а й звільнення від гріхів через вчинки. Тільки тоді Бог приймає це як покаяння і дарує вам прощення.

Так само як помрете якщо не будете їсти, хоча знаєте що повинні це робити щоб жити, ви не зможете очиститися через кров Господа, якщо не визнаєте свої гріхи вустами і не звільнитеся від них.

Бездієва віра мертва

В Соборному посланні св. апостола Якова 2:22 говориться: *"Бачиш, що віра співдіяла з його ділами, і його віра удосконалилася ділами."* Вірш 26 продовжує: *"Як тіло без душі мертве, так само й віра без діл мертва."*

Багато людей ходять до церкви, тому що вони чули, що існує небо і пекло. Проте, оскільки вони насправді не вірять в це у своїх серцях, їхня віра не доповнена ділами.

Це віра виступає у вигляді знань і є мертвою.

До того ж, якщо ви визнаєте вустами, що вірите, проте живете в гріху, як можете казати, що маєте віру? Біблія каже вам, що якщо ви грішите усвідомлено, то це гірше, якщо б згрішили, не знаючи, що чините гріх.

Коли ви визнаєте: "Я вірю", не підтверджуючи це ділами, то можете думати, що маєте віру, але Бог це не визнає як віру.

Ізраїльтяни, які прийшли в Єгипет були свідками багатьох діл Божих. Бог розділив Червоне море, послав манну і перепела, захистив їх заслоном з хмар вдень і стовпом вогню вночі.

Проте, коли Він наказав їм шукати землю Ханаан, тільки Ісус і Халев повірили в слова і силу Божу. В результаті, ті ізраїльтяни, які не послухалися Бога, бо не мали віри достатньо сильної, щоб піти в Ханаан, отримали 40 років випробовувань в пустелі і зрештою померли там.

Вам слід усвідомити, що безкорисно є не вірити чи не діяти відповідно до Слова Божого, навіть якщо ви були свідками і відчули багато діл Божих. Віра стає повною через вчинки.

Тільки ті, хто дотримується закону, є праведними

Бог каже нам в Посланні до римлян 2:13: *"Тому що не слухачі Закону праведні перед Богом, але виконавці Закону виправдані будуть."*

Ви не станете праведними, якщо просто будете відвідувати службу чи слухати послання. Ви станете праведними тільки якщо ваше невірне серце перетвориться на правдиве, діючи відповідно до Слова Божого.

Дехто каже, що можна врятуватися тільки вустами називаючи Ісуса Христа "Господом", неправильно розуміючи Послання до римлян 10:13: *"Бо кожний, хто прикличе ймення Господнє, врятується."* Проте, це абсолютно неправильно. Як сказано в книзі Ісаї 34:16: *"Шукайте в Господній книзі й читайте! Жодного з них не забракне, і один одного не будуть шукати. Бо уста Його наказали, і Сам Дух Його збере їх"*, Слово Боже має помічника і воно стає бездоганним тільки коли тлумачиться з його допомогою.

В Посланні до римлян 10:9-10 говориться: *"Бо коли ти устами своїми визнаватимеш Ісуса за Господа, і будеш вірувати в своїм серці, що Бог воскресив Його з мертвих, то спасешся, бо серцем віруєм для праведності, а устами ісповідуєм для спасіння."*

Тільки ті, хто істинно вірять в своєму серці, що Ісус воскрес, можуть правдиво визнавати вустами, тому що вони живуть згідно з Словом Божим. Вони будуть врятовані, коли визнаватимуть з цією істинною вірою і стануть більш праведними. Проте ті, хто не визнає з цією істинною вірою не можуть бути врятовані.

Ось чому Ісус сказав в Євангелії від Матвія 13:49-50: *"Так буде при кінці світу: ангели вийдуть і вилучать злих з-поміж праведних і кинуть їх до вогняної печі: там буде плач і скрегіт зубів."*

Тут "праведні" позначають тих, хто визнають Бога і твердять, що мають віру. "Відділення злих від праведних" означає, що ті, хто не діє згідно з Словом Божим не можуть бути врятовані навіть якщо вони відвідують церкву і ведуть християнське життя.

Бог справді хоче обрізання серця

Бог хоче, щоб Його діти були святими і бездоганними. Тому Він каже нам в Першому соборному посланні апостола Петра 1:15: *"Як той, хто вас покликав — святий, так само й ви самі усім вашим життям станьте святі."*

В часи Старого Заповіту, люди були врятовані ділами як вияв того, що має відбутися, але в часи Нового Заповіту, коли Ісус Христос з любов'ю виконав закон, ви врятовані вірою.

"Бути врятованими ділами Закону" означає, що навіть якщо ви маєте, до прикладу, нечестиве серце вбивці, чините перелюб, брешете і таке подібне, це не вважається гріхом якщо це не втілено в дію.

Бог не засуджує людей, якщо вони чинять погано, тому що вони не могли відкинути свої гріхи самі без допомоги Святого Духа в часи Старого Заповіту. Проте, в часи Нового

Заповіту ви будете врятовані тільки якщо обріжете своє серце у вірі з допомогою Святого Духа, тому що Він зійшов на вас. Святий Дух допомагає зрозуміти відмінність між гріхом і праведністю, пізнати що таке кара і дає вам змогу жити відповідно до Слова Божого. Тому ви зможете покінчити з неправдою і обрізати своє серце тільки з допомогою Святого Духа.

Вам слід усвідомити, що Бог дійсно просить вас обрізати ваше серце, позбутися гріхів, стати святими і бути частиною божественної природи. Апостол Павло знав волю Божу і навчав обрізанню серця, а не плоті (до Римлян 2:28-29). Він радить вам чинити опір у боротьбі з гріхом аж до пролиття крові, уважно стежачи за ділами Ісуса, засновника й завершителя віри (до Євреїв 12:1-4).

Сподіваюся, ви зможете здобути істинну віру, доповнену ділами, усвідомлюючи, що не ввійдете в небеса кажучи "Господи, Господи", а тільки через життя в світлі і обрізання вашого серця.

Розділ 9

Народитися з води і Духу

- Никодим приходить до Ісуса
- Ісус допомагає Никодиму здобути духовне розуміння
- Коли був народжений з води і духу
- Три свідки: Дух, вода і кров

З фарисеїв один чоловік був, Никодим на ймення, зверхник серед юдеїв. Прийшов він до Ісуса вночі й каже до нього: "Равві, ми знаємо, що прийшов єси вчитилем від Бога: ніхто бо, з ким немає Бога, не спроможний такі чуда творити, що ти їх твориш." Озвався де Ісус і мовив до нього: "Істинно, істинно кажу тобі: Коли хтось не вродиться з висоти, не бачити йому Божого Царства". Никодим же йому: "Як може чоловік уродитись, коли вже старий? Чи спроможен же він увійти знову в утробу матері своєї та й народитись?" Відрік Ісус: "Істинно, істинно кажу тобі: Коли хтось не вродиться з води та Духа, не спроможний увійти у Царство Боже."

Івана 3:1-5

Бог послав Ісуса Христа, Свого єдиного Сина, і відкрив шлях спасіння. Хто приймає Його, той отримує право стати дитиною Божою і від цього часу і надалі насолоджується благословенним і вічним життя. Проте, зараз ви бачите, що багато людей не мають упевненості у спасінні, хоча вони прийняли Ісуса Христа. Більше того, дехто твердить, що він отримав спасіння, але йому не вистарчає віри, щоб врятуватися, а ще інші кажуть, що вони одного разу прийняли Святого Духа, але не слідкують за своїми вчинками після цього.

Зараз для того, щоб підвести підсумок під посланням хреста, давайте з'ясуємо з допомогою історії з Никодимом, як отримати бездоганне спасіння з того часу, коли ви приймаєте Ісуса Христа.

Никодим приходить до Ісуса

В часи Ісуса фарисеї дуже шанували Закон Мойсея і продовжували дотримуватися традицій своїх прабатьків. Вони були релігійними лідерами серед обраних ізраїльтян, які вірили у верховну владу Бога, воскресіння, ангелів, Страшний Суд і прихід Месії.

Все таки, Ісус їм неодноразово докоряв, кажучи: "Горе вам, фаресеї." Вони, як лицеміри, приходили до людей, святі зовні, але всередині були повними жадібності і нестриманості, як побілені гроби (Матвій 23:25-36).

Никодим мав добре серце

Никодим був одним з юдейських фарисеїв, які правили зібранням, яке називалося Синодом. Проте, він не переслідував Ісуса, на відміну від інших фарисеїв. Натомість, бачачи чуда і знаки, які робив Ісус, він вірив, що Христос прийшов від Бога. Никодим хотів знати хто такий Ісус, тому що мав добре серце.

В Євангелії від Івана 7:51 Никодим питає фарисеїв, які хотіли схопити Ісуса, захищаючи Його: *"Чи дозволяє наш закон засуджувати чоловіка, не вислухавши його сперщу та й не довідавшись, що він робить?"*

В той час не легко було говорити такі речі будучи членом Синоду. Навіть зараз коли влада оголошує християнство поза законом чи не сприяє його поширенню, офіційні особи стоять на його стороні. Так само, в той час ізраїльтяни вважали всі інші релігії крім іудаїзму неправдивими. Никодим знав, що його можуть відлучити від церкви, якщо стане на сторону Ісуса.

Незважаючи на це, він захищав Христа. Це довело, що Никодим був праведною людиною і мав тверду віру в Ісуса.

В Євангелії від Івана 19:39-40 замальовується сцена відразу після смерті Ісуса на хресті:

А надійшов і Никодим, який раніше приходив уночі до нього, та й приніс мішанину з смирни та алое, мірок зо сто. І взяли вони тіло Ісуса та обв'язали його запашним полотном, як то ховають за юдейським звичаєм.

Отож, Никодим вірив, що Ісус був Божою людиною, незмінно служив Господу навіть після Його розп'яття і здобув спасіння з вірою в Його воскресіння.

Никодим приходить до Ісуса

В Євангелії від Івана 3, описується діалог між Ісусом і Никодим перед тим, як фарисей зрозумів духовну істину.

Однієї ночі Никодим прийшов до Ісуса і відверто заявив: *"Прийшов він до Ісуса вночі й каже до нього: 'Равві, ми знаємо, що прийшов єси вчителем від Бога: ніхто бо, з ким немає Бога, не спроможний такі чуда творити, що ти їх твориш'"* (вірш 2).

Никодим спочатку не знав, що Ісус був Месією і Сином Божим. Проте, після того як він став свідком діл Христа, Никодим усвідомив і визнав, що Ісус був Божою людиною, тому що фарисей мав чисту совість. Хоча він мав чисту совість, але знав, що тільки Всемогутній Бог може воскрешати мертвих, зцілювати незрячих, кривих і прокажених.

Чому тоді він прийшов до Ісуса вночі? Тому що був подібним до тих людей, які не хотіли відвідувати церкву відкрито, тому що вони не були впевнені в Богові Творцеві.

Хоча Никодим мав добре серце, та не мав істинної віри. Він не був впевненим в Ісусі як в Сині Божому і Месії, тому не відвідував Христа відкрито вдень, натомість прийшов до нього вночі.

Ісус допомагає Никодиму здобути духовне розуміння

Ісус сказав Никодиму: *"Озвався Ісус і мовив до нього: 'Істинно, істинно кажу тобі: Коли хтось не вродиться з висоти, не бачити йому Божого Царства'"* (Іван 3:3).

Проте, фарисей не міг зрозуміти ці слова. Тоді він запитав знову: "Як може чоловік уродитись, коли вже старий?" Никодим не мав духовної віри, тому поцікавився: "Стара людина помирає і стає прахом. Як тоді вона може знову народитися?"

Тоді Ісус сказав йому про те як народитися з води і Духу: *"Істинно, істинно кажу тобі: Коли хтось не вродиться з води та Духа, не спроможний увійти у Царство Боже. Що народжується від тіла — тіло, а що народжується від Духа — дух"* (Іван 3:5-6).

Коли Никодим був заінтригований тим, що сказав Ісус, Той пояснив в притчі: *"Вітер віє, куди забажає, і шум його чуєш, а не відаєш, звідки приходить і куди відходить. Так бо і з кожним, хто народжується від Духа"* (Іван 3:8).

Після непослуху Адама, дух кожної людини помер і

кожен після цього був приречений на смерть. Проте, людський дух відроджується після народження від Святого Духа. Коли людина перетворюється на духовну особистість, вона відновлює образ Божий і стає врятованою. Проте, Никодим не розумів що мав на увазі Ісус (Іван 3:9).

Тому він запитав: "Як таке може бути?" Ісус відповів:

Говорив я вам про земне, а ви не віруєте, — як же увіруєте, коли вам про небесне говоритиму? Ніхто не ввійшов у небо, крім того, хто зійшов з неба: Син Чоловічий! Тож так, як Мойсей змія підняв у пустині, — так треба Синові Чоловічому бути піднесеним, щоб кожен, хто вірує у нього, жив життям вічним (Іван 3:12-15).

В книзі Чисел 21:4-9 ізраїльтяни, яких вивели з Єгипту, виступали проти Мойсея, тому що їхню подорож до Ханаану було все важче знести. Тоді Бог відвернувся від них і послав отруйних змій, щоб ті покусали людей.

Коли вони почали кликати на допомогу, Бог наказав Мойсею зробити бронзового змія і прикріпити його до палиці. Бог рятував кожного, хто подивився на змія, але вперті люди помирали, тому що вони навіть не хотіли дивитися, бо мали сумніви в своєму серці.

Духовно зрозуміти Слово Боже

Чому Бог наказав зробити бронзового змія і прикріпити

його до палиці? З книги Буття 3:14 ми знаємо, що змій був проклятий. До того ж, в Посланні до галатів 3:13 говориться: *"Проклят усякий, хто висить на дереві."*

Тому прикріплення бронзового змія до палиці символізує, що Ісус буде повішаний на дерев'яному хресті як проклятий змій, щоб звільнити вас. До того ж, так само як той, хто дивися на бронзового змія виживав, той, хто вірить в Ісуса є врятованим.

Никодим не зміг зрозуміти значення Слова Божого, тому що він ще не народився з води і Духу, а його духовні очі були закритими.

Навіть сьогодні, якщо ви не народжені з води і Духу і не маєте відкритих духовних очей, то не можете осягнути значення духовного послання, тому що буквально його сприймаєте і неправильно розумієте.

Ви маєте палко молитися, щоб зрозуміти духовне значення Слова Божого з допомогою натхнення Святого Духа. Тоді милосердний Бог відкриє ваше серце і ви зможете зрозуміти Слово Боже і мати істинну віру.

Коли був народжений з води і духу

Ісус сказав Никодиму, коли той відвідав Христа вночі: *"Істинно, істинно кажу тобі: Коли хтось не вродиться з води та Духа, не спроможний увійти у Царство Боже. Що народжується від тіла — тіло, а що народжується від Духа — дух"* (Іван 3:5-6).

Давайте з'ясуємо, що означає народитися з води і Духу. Як ви знову можете народитися з води і Духу і здобути спасіння?

Вода символізує воду вічного життя

Вода втамовує вашу спрагу і зволожує внутрішні органи тіла. Вона також очищує тіло всередині та зовні.

Таким чином, Ісус прирівняв воду вічного життя до звичайної води, пояснивши, що вона очищує і приносить життя.

Ісус каже в Євангелії від Івана 4:14: *"Той же, хто нап'ється води, якої дам йому я, — не матиме спраги повіки. Вода бо, що дам йому я, стане в ньому джерелом такої води, яка струмує в життя вічне."*

Коли ви п'єте воду, то не маєте спраги певний час, але врешті-решт знову хочете пити. Вода в Святому Письмі означає вічне життя. Хто п'є воду, яку дає Ісус, той ніколи знову не буде спраглим. А саме, "джерело води, яка струмує в життя вічне" дає вам життя.

В Євангелії від Івана 6:54-55 читаємо: *"Хто тіло Моє їсть і кров мою п'є, той живе життям вічним, і я воскрешу його останнього дня. Бо тіло Моє — їжа правдива, і кров Моя — правдивий напій."* Це означає, що тіло і кров Ісуса є вічною водою.

Більше того, Його "тіло" позначає біблійне слово, тому що Ісус є Словом, Він воплотився і прийшов в цей світ. Їсти тіло Ісуса означає пам'ятати Його слово, читаючи Біблію.

Кров Ісус це життя, а життя є правдою. Правда це Христос, а Христос це сила Божа. Все це є кров'ю Ісуса. Оскільки сила Божа приходить з вірою, пити кров Ісуса означає вірою слухатися Його слова.

Ви дізналися, що вода духовно символізує тіло Ісуса, тобто Слово Боже і Ягня Боже. Так само як вода очищує тіло, Слово Боже змиває нечистоту з вашого серця.

Тому вас охрещують водою в церкві, а хрещення означає, що ви дитина Божа і що вам прощаються гріхи. Більше того, це означає, що маєте роздумувати над Словом Божим і кожного дня очищуватися ним.

Знову народжений з води

Як тоді ви можете змити бруд з свого серця з допомогою Слова Божого, тобто вічної води?

Є чотири види наказів, які Бог дає нам: "що можна робити", "чого не можана робити", "чого слід остерігатися " і "що слід відкинути". До прикладу, Бог каже вам не заздрити, ненавидіти, осуджувати, красти, перелюбствувати і вбивати.

Таким самим чином, ви не повинні робити, те що заборонено і в той же час, маєте відкинути всяке зло і неправду. Ви також повинні святкувати святий день, проповідувати Євангеліє, молитися і любити один одного. Ваше серце поступово наповниться правдою з допомогою Святого Духа і Слово Боже змиє вашу нечестивість чи гріхи. Таким чином, ваше серце може бути обрізане і перетворене на правдиве, якщо ви чинити згідно з Словом Божим. Це означає "народитися з води".

Отож, щоб отримати повне спасіння, ви повинні не тільки прийняти Ісуса, а й обрізати своє серце, підкоряючись Слову Божому кожну мить свого життя.

Знову народжений з Духу

Щоб отримати спасіння, вам треба народитися як з води, так і з Духу. Як ви можете народитися з Духу? В Діяннях 19:2 апостол Павло запитав інших учнів Ісуса: *"Чи прийняли ви Святого Духа, коли увірували?"* Що означає прийняти Святого Духа?

Перший чоловік Адам мав "дух", "душу" і "тіло" (1 до Солунян 5:23), але в результаті непослуху його дух помер. Тоді він перетворився на істоту не кращу за тварину, яка складається з душі і тіла (Еклезіяст 3:18).

Якщо ви розкаєтеся в своїх гріхах, визнавши себе грішником, Бог зішле на вас дар Святого Духа і станете дитиною Божою (Діяння 2: 38).

Будь-яка дитина Божа, яка прийняла Святого Духа, може відрізнити добро від зла з допомогою Слова Божого і жити відповідно до нього завдяки владі і силі небесній через палку і безперервну молитву.

Таким чином, ви здобуваєте правду і духовну віру, породжуючи дух з допомогою Святого Духа. В Євангелії від Івана 3:6 говориться: *"Народжене від плоті є плоть, а народжене від Духа є дух"*, а в вірші 6:63 зазначається: *"Дух дає життя, а плоть не приносить користі ніякої. Слова, котрі Я виповідаю вам, є дух і життя."*

Стати духовною людиною, слідуючи за Святим Духом

Коли ви народжуєтеся з води і Святого Духу, то отримуєте житло на небесах (до Филип'ян 3:20). Як дитина Божа, ви відвідуєте церковні богослужіння, з радістю вихваляєте Його і намагаєтеся жити в світлі.

Перед тим, як отримати Святого Духа, ви жили в темряві, тому що не знали правди. Проте, після того, як Дух Святий зійшов на вас, намагаєтеся жити в світлі.

З часом ви зрозумієте, що поки маєте радість в серці, то у вас постійно відбувається внутрішня боротьба. Це через те, що закон Духу, який втілює прагнення Святого Духу, бореться проти закону грішної природи, яка має на меті задовольнити жадання грішної людини, звабу для очей і життєву гордість (1 Івана 2:16)

Апостол Павло так сказав про цю боротьбу: *"Бо, з огляду на внутрішню людину, знаходжу вдоволення в Законі Божому. Але в членах моїх бачу інший закон, що протидіє законові розуму мого і вчиняє мене бранцем закону гріховного, що є в членах моїх. Нещасна я людина! Хто визволить мене від цього тіла смерті?"* (до Римлян 7:22-24)

Коли ви народжуєтеся з води і Духу, то стаєте тільки дитиною Божою. Це не означає, що ви духовно бездоганна людина.

Тому в Посланні до галатів 5:16-17 говориться: *"І я кажу: Вчиняйте за Духом, і ви не будете виконувати похотей плоті. Бо плоть бажає протилежного духові; а дух – протилежного плоті: вони одне одному суперечать, аж так, що ви не те чините, що хотіли б."*

Для того, щоб слідувати бажанням Святого Духа, треба жити відповідно до Слова Божого і Його волі, чинити те, що є прийнятним і приємним для Бога. Тому, якщо ви слідуєте бажанням Духа, то не будете спокушені і зможете перемогти ворожого диявола і Сатану, який зваблює вас йти за прихотями грішної природи. Ви можете правдиво жити і віддано присвятити себе Царству Божому і Його праведності.

Коли ви живете відповідно до бажань Святого Духа, то перебуваєте в радості і мирі. Проте, станете нещасними і обтяженими, коли будете слідувати похотям грішної природи.

З ростом своєї віри, можете відкинути гріхи і у всіх відношеннях йти за бажаннями Святого Духа. Похоті, які хочуть йти за гріховною природою, зникнуть. Більше того, вам більше не треба буде боротися, щоб відкинути гріхи і бути нещасними. При будь-яких обставинах ви завжди будете радісними.

Бог задоволений тими, хто живе за бажаннями Духа. Він втілює бажання їхніх сердець, як обіцяно в Псалмах 37:4: *"Втішайся в Господі, і він сповнить тобі бажання твого серця."*

Якщо ваше серце наповниться тільки правдою, Бог буде

дуже задоволений вами і зробить все для вас. Сподіваюся, що ви будете народжені з води і Духу, і житимете відповідно до бажань Духа.

Три свідки: Дух, вода і кров

Як я вже пояснив, для того, щоб врятуватися, вам треба народитися з води і Духу. Проте, щоб здобути повне спасіння, ви маєте очиститися від гріхів кров'ю Ісуса Христа і живучи у світлі.

Якщо ваше серце не очищене, то ви все ще маєте гріхи. Тому вам потрібна кров Ісуса Христа, щоб очиститися від залишків гріхів.

В першому соборному посланні апостола Івана 5:5-8 говориться з цього приводу:

> *Хто перемагає світ, як не той, хто вірує, що Ісус є Син Божий? Цей є Ісус Христос, Котрий прийшов водою і кров'ю і Духом, не водою лише, але водою і кров'ю;. і Дух засвідчує про Нього, тому що Дух є істина. І троє засвідчують на землі: дух, вода і кров; і оці троє про одне.*

Ісус прийшов водою і кров'ю

В Євангелії від Івана 1:1 читаємо: *"Слово було Бог"*, а в вірші 1:14 пише: *"І Слово стало плоттю, і жило поміж нами, виповнене благодаттю та істиною; і ми бачили Його славу, як Єдиновродженого від Батька."* Це означає, що Ісус, Божий єдиний Син і саме Слово Боже, воплотився і прийшов на землю, щоб відкупити наші гріхи. Навіть сьогодні, Він продовжує очищувати нас Словом Божим – Біблією.

Проте, без допомоги Святого Духа ви не можете жити відповідно до Слова Божого. Неможливо відкинути гріхи, покладаючись тільки на свої сили. Ви маєте отримати допомогу Святого Духа через палку молитву, щоб мати змогу знищити жадання грішної природи, пожадливість очей і життєву гордість. Тільки тоді зможете прогнати темряву неправди зі свого серця.

До того ж, для вашого прощення треба пролиття крові. В Посланні до євреїв 9:22 говориться: "Зрештою, майже все за законом очищається кров'ю, і без пролиття крови не буває прощення." Вам потрібна кров Ісуса, тому що тільки Його безневинна і незаплямована кров дає прощення.

Щоб здобути спасіння, маєте вірити в Ісуса, який прийшов водою і кров'ю і прийняти дар Святого Духа. І для цього мають бут три речі: дух, вода і кров.

Якщо не пролилася кров, то немає прощення і ви продовжуєте жити в гріху. Для очищення вам потрібне не тільки слово, тобто вода, а й Дух Святий, який допомагає жити відповідно до Слова Божого. Тому ці три свідки є узгодженими.

Отож, після того, як ваші гріхи будуть прощені через прийняття Ісуса Христа, вам слід народитися з води і Духу, щоб здобути повне спасіння, розуміючи те, що Дух, вода і кров разом взяті рятують нас і ведуть до неба.

Розділ 10

Що таке єресь?

- Біблійне визначення єресі
- Дух істини і дух омани

Були й лжепророки в народі, як у вас будуть лжевчителі, котрі запровадять згубні єресі, і, відрікшися Господа, що звільнив їх, наведуть самі на себе незабарну загибель. І багато людей піде за їхньою розпустою, і через них шлях істини буде зневажатися. І в зажерливості будуть ловити вас облесливими словами; суд їм давно готовий, і погибель їхня не дрімає.

2 Петра 2:1-3

З розвитком матеріалістичної цивілізації, люди почали зневажати Бога, тому що тепер вони залежать від власної мудрості і знання. З поширенням гріху, людський дух почав нищитися і люди стали псуватися. Тому багато людей обмануті брехнею, бо не можуть відрізнити що є правдивим, а що є хибним. Вони також помиляються, судячи інших людей відповідно до свого правдивого знання і теорій.

В Євангелії від Матвія 12:22-32 описується як Ісус зцілив біснуватого, який був сліпим і німим. Однак, коли фарисеї почули про це, то сказали: *"Він виганяє демонів не інакше, як [силою] Вельзевула, князя бісівського"* (вірш 24). Вони вважали, що Божі діла виконувалися з допомогою демона.

В Євангелії від Матвія 12:31-32 Ісус сказав їм: *"Всілякий гріх і хула простяться людям, а зневага (хула) на Духа не проститься людям. Якщо хтось скаже слово на Сина Людського, то проститься йому; а якщо хтось скаже на Духа Святого, не проститься йому ні в цьому світі, ні в прийдешньому."*

Фарисеї вирішили, що те, що Ісус зробив силою Божою, було ділом рук диявола. Це зневага проти Святого Духа. Тому, фарисеї не можуть бути прощені.

Якщо ви чітко зумієте відрізняти правду від брехні відповідно до Біблії, то не будете судити людей, ні спокуситеся оманою.

Давайте глибше пізнаємо що таке єресь на Божий погляд, як розрізнити Божий і злий дух і деякі єретичні секти, з якими слід бути обережними.

Біблійне визначення єресі

Оксфордський словник дає таке визначення єресі. Це "віра чи погляд проти певної релігії." Деякі люди вважають правдою тільки те, в що вони вірять, і думають, що інші релігії то єресі. До прикладу, для буддистів Буддизм є правдивим та істинним шляхом. Для них інші релігії, наприклад конфуціанство, не є правдивими.

Павла звинувачували в керівництві єретичною сектою

В Діяннях 24:5 читаємо: *"Ми переконалися, що чоловік оцей – то виразка суспільства, підбурювач заколоту поміж юдеями, що живуть на всій землі, і є представником назарейської єресі."* Тут "назарейська єресь" позначає єретичну секту, і це перша згадка слова "єретичний" в Біблії.

Євреї представили звинувачення проти Павла перед правителем, бо думали, що Євангеліє, яке він проповідував, було єретичним. Апостол спростував звинувачення і відкрито об'явив свою віру в Діяннях 24:13-16.

І не можуть довести того, за що нині звинувачують мене; але за те признаюся тобі, що за вченням, котре вони називають єрессю, я справді служу Богові батьків моїх, віруючи всьому, що написане в Законі і пророках; Маючи надію на Бога, що буде воскресіння мертвих, праведних і не праведних, чого й самі вони чекають; А тому я пильно дбаю завжди мати чисту совість перед Богом і людьми.

Чи справді апостол Павло був єретиком?

Вам слід пошукати визначення єресі в Біблії, тому що ця є Слово Бога, єдиної істинної істоти, яка може відрізнити правду від неправди. Термін, який позначає єретичну секту п'ять разів згадується в Біблії. Проте, саме визначення єресі дається тільки в одному місці:

Були й лжепророки в народі, як у вас будуть лжевчителі, котрі запровадять згубні єресі, і, відрікшися Господа, що звільнив їх, наведуть самі на себе незабарну загибель (2 Петра 2:1).

"Господь, який їх звільнив" позначає Ісуса Христа. Спочатку людина належала Богові і жила відповідно до Його волі. Проте, після її непослуху, Адам став грішником, який належить дияволу. Однак, Бог пошкодував людей, які були на смертному шляху. Він послав Ісуса, Свого єдиного

Сина, як спокутну жертву і дозволив, щоб Його розіп'яли, для того, аби Христос міг відкрити шлях спасіння через Свою кров.

Бог творив для нас, які колись належали дияволу, щоб наші гріхи були прощені, якщо повіримо в Ісуса Христа. Ми також отримали життя і знову почали належати Богу. Ось чому ми можемо сказати, що Ісус звільнив нас через Своє розп'яття, і Біблія говорить, що Ісус є "всевишнім Господом, Який звільнив їх".

Єретики заперечують Ісуса Христа

Тепер ви знаєте, що слово єретик позначає *"тих, хто, відрікшися Господа, що звільнив їх, наведуть самі на себе незабарну загибель"* (2 Петра 2:1). Цей термін використовувався поки Ісус не виконав Свою місію як Спаситель. Ім'я "Ісус" означає "[той, хто] звільнить Його людей від їх гріхів". "Христос" це Помазаник. Ісус став Спасителем тільки після того, як виконав Свої місію – бути розіп'ятим і воскреснути.

Тому цей термін не згадується в Старому Заповіті чи в Євангеліях від Матвія, Марка, Луки і Івана, в яких була записана історія життя Ісуса. Навіть фарисеї, книжники і священики, які переслідували Ісуса, не використовують цей термін. Його також не вживали первосвященики.

Тільки після того, як Ісус воскрес, щоб завершити Свою місію як Христа, з'явилися "люди, які відреклися Господа, що звільнив їх". І тільки після цього, Біблія почала попереджати нас про цих єретиків.

Тому, якщо люди вірять в Ісуса Христа як в "Господа, який звільнив їх", вони не є єретиками. Однак, якщо вони це заперечують, то стають ними.

Апостол Павло не заперечував Ісуса Христа, Який відкупив його Своєю безцінною кров'ю. Натомість, Павло дякував Йому, і куди б не йшов розповідав про Нього. Павла переслідували і він заплатив високу ціну за своє проповідництво. П'ять разів він отримував від євреїв 39 ударів батогом. Одного разу його побили камінням. Його посадили у в'язницю, переслідували погани і його співвітчизники, а потім ті, кому він довіряв, зрадили апостола. Незважаючи на це все, Павло отримав велику силу, подолавши ці страждання з радістю і вдячністю, і прославляв Бога, зцілюючи незліченну кількість людей в ім'я Ісуса Христа поки не помер мученицькою смертю.

Павло проповідував Євангеліє, демонструючи силу Божу

Ви повинні знати, що Божу силу не можуть демонструвати ті, хто відкидають Бога Творця та Ісуса Христа, Який за Своєю природою є Богом, тому що Біблія ясно говорить: *"Одне сказав Бог, оці дві речі чув я: що сила Богові належить"* (Псалом 62:11).

Вам не слід судити людину, яка демонструє силу Божу, тому що ця сила доводить, що Бог є з ним і що ця людина дуже Його любить. В Посланні до галатів 1:6-8 Павло, кого назвали керівником назарейської єресі, строго застерігає не слідувати чи не проповідувати інше Євангеліє крім послання хреста:

Дивуюся, що ви так швидко покинули того, хто вас покликав Христовою благодаттю, і починаєте інше проповідувати, котре, зрештою, не інше, проте є люди, які бентежать вас, бажаючи спотворити Христову Євангелію. Та якби навіть ми чи Ангел з неба почав проповідувати вам не те, що ми проповідували вам, то нехай буде анатема!

Навіть сьогодні деяких людей вважають єретиками, хоча вони ніколи не заперечували Ісуса Христа, а тільки проповідували Євангеліє і проголошували живого Бога, демонструючи і діючи за допомогою Його сили.

Не називайте інших єретиками навмання

Я також страждав і зносив ряд випробовувань, будучи звинуваченим в єресі, коли демонстрував силу Божу і кількість віруючих моєї церкви зростала. Фактично, з часу заснування церкви в 1982 році за два останні десятиріччя кількість парафіян сягнула 120,000 людей.

Сім років я страждав від багатьох хвороб і одного разу миттєво був зцілений силою Божою. Тоді я намагався жити для слави Божої, коли їв чи пив, так як це робив апостол Павло. Я віддав своє життя в Божі руки і зосередив його

"Тільки на Ісусові, завжди на Ісусові".

Ставши мирянином, я намагався засвідчити, що Бог зцілив мене і проповідувати Євангеліє. Після того як я став рабом Божим, то почав проповідувати послання хреста і проголосив живого Бога та Ісуса як Спасителя. Я навіть розповідав про Бога, коли вінчав наречених, тому що палко хотів привести більше людей до шляху спасіння.

Я усвідомив, що і могутнє Слово Боже і докази живого Бога були необхідні для засвідчення Господа до кінця світу. Тому я гаряче молився, так як це робили прабатьки віри, щоб отримати силу Божу, і з вдячністю та радістю пройшов всі випробування, дані мені.

Деколи трапляються смертельні випробування. Проте, так само як Ісус отримав славу воскресіння після Своєї безневинної смерті, коли я один за одним долав випробування, Бог збільшив мою силу відповідно до Своєї волі.

В результаті, коли з 2000 року в Кенії, Уганді, Гондурасі, Японії, навіть в мусульманському Пакистані та індуїстській Індії, я розповідав чому Бог є єдиним справжнім Богом і чому будете врятовані коли повірите в Ісуса Христа, десятки з тисяч людей розкаювалися, сліпі ставали зрячими, німі починали говорити, глухі чути, а невиліковні хвороби, такі як СНІД і різні види раку, були зцілені. Ці дива приносили величезну славу Богові.

Тому той, хто повністю розуміє що таке єресь, безпідставно не звинувачує інших в ній. В Діяннях 5:33-42 читаємо про Гамаліїла, первосвященика, який був шанованою людиною. Як же він чинив?

В той час фарисеї у Синоді заборонили Петрові та Іванові розповідати про Ісуса Христа, але апостоли були наповнені Святим Духом і не підкорилися рішенню зборів. Тому члени Синоду хотіли засудити їх до смерті. Однак, Гамаліїл встав посеред Синоду і наказав, щоб апостолів тимчасово вивели від них. Тоді він звернувся до них:

Мужі ізраїльські! Поміркуйте самі з собою про цих людей, що вам з ними вчинити: Бо невдовзі перед цим з'явився Тевда, маючи себе за когось великого, і до нього прилучилося майже чотириста чоловіків; але його вбили, і всі, котрі прислухалися до нього, розпорошилися й щезли. Після нього під час перепису з'явився Юда галілеянин, і прилучив до себе чимало народу; але й він загинув, а всі, що прислухалися до нього, порозбігалися; І нині кажу вам, відчепіться од людей цих і залишіть їх: бо коли все це від людей і ці діяння від людей, то воно розпадеться. А якщо від Бога, то ви не можете зруйнувати його; бережіться, щоб вам не стати супротивниками Бога (Діяння 5:35-39).

Прочитавши цей уривок, ви усвідомите, що якщо дивовижні діяння були не від Бога, то вони зруйнуються, навіть якщо люди нічого не роблять, щоб їх зупинити. Однак, навіть якщо люди заважають чи порушують діяння, які йдуть від Бога, то не зможуть їх зупинити. Натомість, їхні зусилля прирівнюються до боротьби проти Бога і вони підуть на Його суд і отримають гідне покарання.

Деколи люди вважають інших єретиками через різницю в тлумаченні Біблії, видінь від Святого Духа і навіть через мови, хоча всі вони визнають Трійцю і те, що Ісус Христос воплотився і прийшов на землю.

Дехто навіть каже, що їм не потрібні слова чи видіння, і що діяння Святого Духа є неправдивими, тому що ніде не записано, що Ісус говорив різними мовами чи бачив видіння. Проте, Біблія каже що це корисно для нас:

Але кожному дається вияв Духа на користь. Одному дається Духом Слово мудрості, іншому слово знання, – тим самим Духом; Іншому віра, тим самим Духом, іншому дари виздоровлення, тим самим Духом; Іншому чудотворення, іншому пророцтво, іншому розпізнавання духів, іншому різні мови, іншому розтлумачення мов. Усе це звершує один і той же Дух, наділяючи кожному особно, як Йому угодно.(1 до Коринтян 12:7-11).

Тому, ви не повинні зводити наклеп чи судити тих, хто має різні дари Святого Духа як єретиків через те, що ви самі їх не маєте.

Дух істини і дух омани

В Другому соборному посланні апостола Петра 2:1-3 міститься пояснення про єресь. Біблія застерігає вас про фальшивих пророків та вчителів, які таємно впроваджують руйнівні єресі. *"І багато людей піде за їхньою розпустою, і через них шлях істини буде зневажатися. І в зажерливості будуть ловити вас облесливими словами; суд їм давно готовий, і погибель їхня не дрімає"* (2 Петра 2:2-3).

Також в Першому соборному посланні апостола Івана 4:1-3 говориться: *"Улюблені! Не кожному духові вірте, але випробовуйте духів, чи від Бога вони, тому що багато лжепророків з'явилося в світі. Духа Божого і духа омани впізнавайте так: усілякий дух, котрий сповідує Ісуса Христа, Котрий прийшов у плоті, є від Бога; А всілякий дух, який не сповідує Ісуса Христа, Котрий прийшов у плоті, не є від Бога, але це дух антихриста, про котрого ви чули, що він прийде і тепер уже є в світі."*

Перевіряйте кожен дух чи він є від Бога

Існують добрі духи, які належать Богові і ведуть вас до спасіння, в той час коли є і злі духи, які обманюють вас і ведуть до руйнування.

З одного боку, кому даний Дух Божий, той визнає, що Ісус Христос воплотився. Він вірить в Трійцю – Бога, Ісуса Христа і Духа, і тому є дитиною Божою. Така людина може осягнути істину і праведно жити з допомогою Духа.

З іншого боку, той, хто має дух антихриста, протиставляє Ісуса Христа Слову Божому і відкидає те, що Він спокутував наші гріхи. Вам треба бути уважними і могти відрізняти антихристів, тому що він часто діє серед віруючих, неправильно трактуючи Слово Боже.

В будь-якому випадку, відкинути Ісуса Христа означає боротися проти Бога, який прислав Його в цей світ.

Біблія попереджає про антихриста в Другому соборному посланні апостола Івана 1:7-8:

Бо чимало спокусників прийшло у світ, котрі не сповідують Ісуса Христа, що прийшов у плоті: такий чоловік є спокусник і антихрист. Пильнуйте за собою, щоб вам не втратити того, над чим ми трудилися, але щоб одержали нагороду уповні.

В Першому соборному посланні апостола Івана 2:19 міститься ще одне попередження для нас:

Вони вийшли від нас; але не були наші; інакше, якби вони були наші, то залишилися б з нами; але вони вийшли, і через те відкрилося, що не всі наші.

Є два види антихристів: люди, одержимі духом антихриста і ті, хто спокушені цим духом. Вони намагаються спокусити людей, де б не перебував Святий Дух. Вони захоплюють людей, щоб ті чинили опір Слову Божому і обманюють їх через думки. Люди, чиї думки повністю контролює дух антихриста, називаються біснуватими.

Якщо над пастором панує дух антихриста, члени церкви продовжують рухатися до шляху знищення, захоплені духом антихриста.

Тому, вам слід чітко знати про Дух істини і дух омани, щоб не бути обманутими духом антихриста, а жити в правді і світлі.

Як розрізняти духи

В Першому соборному посланні апостола Івана 4:5-6 читаємо: *"Вони від світу, тому й говорять по-світському, і світ слухає їх. Ми від Бога: той, хто знає Бога, слухає нас; хто не від Бога, той не чує нас. З цього пізнаємо духа істини і духа омани."*

Вираз "омана" позначає "стан, який є неправдивим". Дух омани це земний дух, який обманом змушує вас вірити в те, що є неправдивим, ніби воно правдиве, і тому ви покидаєте свою віру. А саме, той, хто є від Бога слухається слова правди, але той, хто належить до земного світу слухається земних слів, які є неправдивими. Проте, їх легко розпізнати. Для вас стає очевидно, чи світло це чи темрява, якщо знаєте що таке темрява. Тоді ви можете сказати: "Ця людина живе в правді, але та перебуває в темряві".

До прикладу, якщо хтось каже в неділю: "Давайте після обіду підемо на пікнік. Давайте відвідаємо тільки ранішню службу. Чи це добре? " Чи коли він намагається знищити Боже Царство, роблячи злі витівки і продовжує стверджувати, що вірить в Бога. Це все діяння духу омани.

Ви зможете зрозуміти багато речей, які Бог вільно дає вам, якщо приймаєте Духа істини, який є від Бога (1 до Коринтян 2:12). Ось чому Святий Дух перебуває в вас, Божій безцінній дитині. Він є Духом істини і веде до правди. Він не говорить від Себе; такий дух говорить тільки те, що чує, і розповість вам що має прийти.

Тому, Ісус каже в Євангелії від Івана 14:17: *"Духа істини, Котрого світ не може прийняти, бо не бачить Його, і не знає Його; а ви знаєте Його, бо Він з вами є і у вас житиме."* В Євангелії від Івана 15:26 ще раз згадується про Святого Духа: *"А коли прийде Утішитель, Котрого Я пошлю вам від Батька, Дух істини, Котрий від Батька приходить, Він буде свідчити про Мене."*

Також в Першому послані до коринтян 2:10 читаємо: *"А нам Бог відкрив це Духом Своїм; бо Дух усе досліджує, навіть глибини Божі."* Як написано, Святий Дух один єдиний повністю знає і може осягнути Божий задум.

Тобто, ті, хто прийняли Дух істини слухають слово правди і підкоряються йому. Чим більше поширюється Боже царство і Його праведність, тим більше вони радіють. Ці люди повні життя, прагнучи до Царства Небесного.

Проте, дехто просто відвідує церкву без радості, тому що не має богонатхненної віри. Вони все ще належать світові і надають перевагу земним речам, таким як гроші чи розваги. Однак, не можуть жити в правді, прагнути до Царства Небесного чи всім своїм серцем любити Бога.

Зрештою, ці люди залишають Бога через духа оману, тому

що вони належать до цього світу і не мають Духу істини. Також, якщо хто обмовляє чи пліткує про своїх братів і сестер у вірі чи через заздрощі заважає іншим бути вірними Божому Царству і Його праведності, то ця людина не є від Духа істини.

Щоб ніхто не ввів вас в оману

В Першому соборному посланні апостола Івана 3:7 нас переконують в наступному: *"Діти! Нехай не зводить вас ніхто. Хто чинить правду, той праведний, як Він праведний."* Ви не повинні відвертатися від Слова Божого, щоб не бути обманутими неправдивим знанням, тому що ніщо, крім Слова Божого, не може вас навчити. Тільки тоді ви здобудете повне спасіння, процвітатиме в цьому світі і насолоджуватиметеся вічним життям в Небесному Царстві.

Проте, диявол робить все можливе, щоб не дати дітям Божим жити за Його Словом, і змушує вас жити земним життям, відвернутися від Бога, сумніватися в Ньому і протистояти Йому. В Першому соборному посланні апостола Петра 5:8 говориться: *"Будьте тверезі, пильнуйте, тому що супротивник ваш – диявол, ходить, мов ривучий лев, що шукає, аби когось поглинути."* Як тоді ворожий диявол і Сатана здатний обманути дітей Божих? Ви це можете порівняти до жінки, яку спокусив чоловік. Якщо жінка тримається витончено та гідно і виховано поводиться, чоловік не наважиться її спокусити. В іншому випадку, чоловік може легко спокусити ту, яка не поводиться відповідно. Так само, ворожий диявол і Сатана наблизиться до того, хто не має твердих позицій в правді і сумнівається в Бозі. Диявол спокушає таких людей відвернутися від Бога і протистояти Йому, а в кінці веде їх до смертного шляху. Єву також спокусив диявол, тому що її застали зненацька, коли вона перекрутила Слово Боже.

Звичайно, на вашому шляху можуть траплятися випробовування, хоча ви не маєте віри. Це тому що Бог хоче поблагословити вас. Так само, як можете побачити у випробуванні Даниїла, котрого кинули в клітку з левами чи випробування Авраама, коли він мав пожертвувати свого сина як жертву всепалення.

Коли ви стикаєтеся з випробуваннями чи труднощами, тому що не маєте твердої віри, вам слід негайно відкинути ваші гріхи з покаянням, витіснити всі спокуси і випробування Словом Божим і докласти всіх зусиль, щоб твердо триматися на скалі віри.

Твердо стійте на скалі віри; не будьте обманутими

В Першому посланні до Тимофія 4:1-2 автор пише: *"А Дух виразно каже, що останнім часом відступлять деякі од віри, дослухаючись духів спокусників і науки бісівської, через лицемірство лжемовників, спалених у своїй совісті."*

Це позначає пізніші часи, під час яких деякі люди, які заявляли, що вони мають віру, відвернуться від своєї віри, обмануті духами і речами, які вчить диявол.

Спокушені люди є лицемірними, навіть якщо їхні діла здаються вірними і праведними. Вони показово моляться перед всіма і намагаються бути вірними через гроші, а не будучи вдячними за Божу ласку. Вкінці, вони відмовляються від своєї віри і йдуть смертним шляхом, тому що їхня свідомість обпалена брехнею як гарячим залізом, вони жили без віри і насолоджувалися земними розвагами.

Бог строго попереджає вас через Біблію не бути обманутими. Ісус застерігає нас в Євангелії від Матвія 7:15-16: *"Остерігайтеся лжепророків, котрі приходять до вас в овечій одежі, а всередині – вовки хижі: За плодами їхніми пізнаєте їх. Хіба збирають з терну виноград чи з бур'яну смокви?"*

Слова і дії людини відображають її думки і прагнення. Це означає, що ви можете розпізнати людей по їхніх плодах. Якщо хтось має злі плоди, такі як ненависть, заздрощі та ревнощі замість правдивих плодів, доброти та праведності, то він є фальшивим пророком.

Багато фальшивих пророків, антихристів все ще перебувають в цьому світі. Тому діти Божі повинні мати тверде розуміння єресі і вміти розрізняти дух істини і дух омани.

Ворожий диявол і Сатана ніколи не впустить можливості обманути Божих дітей і змусити їх згрішити, коли вони вагаються в правді. Коли ви впевнені в правді і підкоряєтеся їй, то не будете ошукані духом омани, але легко його подолаєте, коли він до вас наближається.

Ви повинні не приймати і не дотримуватися будь-яких

інших вчень чи бути обманутими цими вченнями, які виступають проти правди. Натомість, слухайтеся Слова Божого і слідуйте за бажаннями Святого Духа, щоб бути сміливим і безпевинними в час Другого Приходу нашого Господа Ісуса Христа.

"Приходи, Господи Ісусе!"

Автор
Доктор Джаерок Лі

Доктор Джерок Лі народився у 1943 році у Муані, провінція Джеоннам, Республіка Корея. До тридцяти років на протязі семи років доктор Лі страждав від невиліковних хвороб і мав померти, не маючи надії на одужання. Одного дня навесні 1974 року його сестра привела його до церкви. І коли він став на коліна і помолився Богові, Живий Бог у ту ж мить зцілив його від усіх хвороб.

З того моменту, коли доктор Лі познав живого Бога через такий чудовий випадок, він щиро полюбив Бога усім серцем. А у 1978 році Бог покликав його на служіння. Джерок Лі палко молився про те, щоби ясно зрозуміти волю Бога, повністю виконати її і бути покірним Божому Слову. У 1982 році він заснував Центральну Церкву Манмін у Сеулі, Корея, де почали відбуватися численні зцілення і дива.

У 1986 році доктор Лі отримав духовний сан пастора Щорічної асамблеї християнської церкви Сункюл, Корея. А через чотири роки, у 1990 році, його проповіді почали транслюватися в Австралії, Росії, на Філіппінах та у багатьох інших країнах Радіотрансляційною компанією Далекого Сходу, Широкомовною станцією Азії та Християнським радіо мережі Вашингтон.

Через три роки, у 1993, журнал *Християнський світ* (США) оголосив Центральну Церкву Манмін однією з «50 найбільших церков світу». Доктор Лі отримав почесний ступінь доктора богослов'я у Коледжі Християнської віри, Флоріда, США. А у 1996 році – ступінь доктора духівництва у Теологічній семінарії Кінгсвей, Айова, США.

З 1993 року доктор Лі керує всесвітньою місією, проводить багато кампаній у Танзанії, Аргентині, в Уганді, Японії, Пакистані, Кенії, на

Філіппінах, у Гондурасі, в Індії, Росії, Німеччині і Перу. У 2002 році найбільша християнська газета Кореї назвала Джерок Лі «Всесвітнім пастором» за його роботу у багатьох великих об'єднаних кампаніях, що проводилися за кордоном.

З квітні 2013 громада Центральної Церкви Манмін налічує більше 120 000 членів, має 10 000 внутрішніх та закордонних церков-філіалів по всій земній кулі, а також відправила більше 129 місіонерів на роботу у 23 країни, у тому числі США, Росію, Німеччину, Канаду, Японію, Китай, Францію, Індію, Кенію та багато інших.

На момент виходу цієї книжки доктор Лі написав 84 книжок, серед яких є бестселери: *«Відчути Вічне Життя до Смерті»*, *«Моє Життя, Моя Віра I і II»*, *«Слово про Хрест»*, *«Міра Віри»*, *«Дух, Душа і Тіло»*, *«Небеса I і II»*, *«Пекло»*, *«Сила Бога»*. Його роботи були перекладені більш ніж на 75 мов.

Його християнські статті друкуються на шпальтах видань: *«Ганкук Ілбо»*, *«ДжунАн Дейлі»*, *«Дон-А Ілбо»*, *«Мунгва Ілбо»*, *«Сеул Шінмун»*, *«Кьюнгуан Шінмун»*, *«Ганкеорей Шінмун»*, *«Економічний вісник Кореї»*, *«Вісник Кореї»*, *«Шіса Ньюс»* і *«Християнська газета»*.

Доктор Лі є головою багатьох місіонерських організацій та об'єднань. Він – голова Об'єднаної святої церкви Ісуса Христа; постійний президент Всесвітньої місіонерської асоціації християнського відродження; президент Манмінської всесвітньої місії; засновник телебачення Манмін; засновник і голова правління Всесвітньої християнської мережі (Джі-Сі-Ен); засновник і голова правління Всесвітньої мережі християнських лікарів; а також засновник і голова правління Міжнародної семінарії Манмін.

Небеса I і II

Детальна розповідь про розкішне оточення, в якому житимуть небесні мешканці, а також прекрасний опис різних рівнів небесних царств.

Моє Життя, Моя Віра I і II

Автобіографія доктора Джерок Лі дозволяє читачам відчути найприємніший духовний аромат, розповідаючи про життя, що цвіте надмірною любов'ю до Бога посеред чорних хвиль, холодного ярма і найглибшого розпачу.

Відчути Вічне Життя до Смерті

Автобіографія-свідоцтво доктора Джерок Лі, який народився знову, уникнув долини смерті і живе зразковим християнським життям.

Міра Віри

Які оселі, вінці та нагороди приготовані для вас на небесах? Ця книга додасть вам мудрості і скерує вас, щоби ви виміряли свою віру, розвивали і вдосконалювали її.

Пекло

Відкрите послання Бога всьому людству. Він бажає, щоби жодна людина не потрапила у пекло. Ви дізнаєтеся про досі невідомі думки щодо жорстокої дійсності Гадесу та пекла.